珍藏本
纪念版

汉译世界学术名著丛书

结构主义

〔瑞士〕皮亚杰 著

倪连生 王琳 译

SINCE 1897
商務印書館
The Commercial Press

2017年·北京

Jean Piaget

LE STRUCTURALISME

Presses Universitaires de France, Paris, 1979

本书据法兰西大学出版社 1979 年版译出

汉译世界学术名著丛书
（120年纪念版·珍藏本）
出 版 说 明

2017年2月11日，商务印书馆迎来120岁的生日。120年前，商务印书馆前贤怀揣文化救国的理想，抱持“昌明教育，开启民智”的使命，立足本土，放眼寰宇，以出版为津梁，沟通中西，为中国、为世界提供最富智慧的思想文化成果。无论世事白云苍狗，潮流左右激荡，甚至战火硝烟弥漫，始终践行学术报国之志，无改初心。

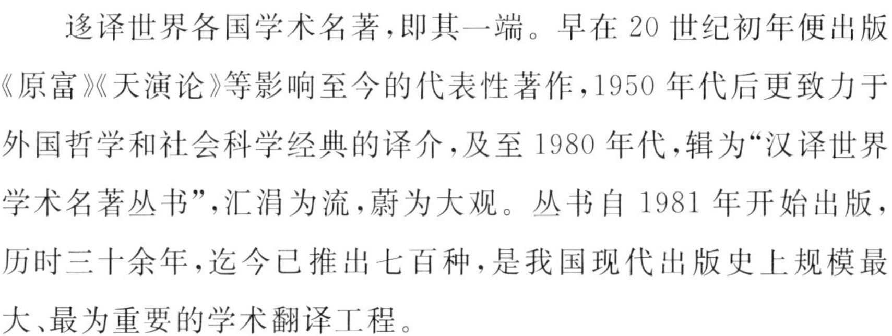

迻译世界各国学术名著，即其一端。早在20世纪初年便出版《原富》《天演论》等影响至今的代表性著作，1950年代后更致力于外国哲学和社会科学经典的译介，及至1980年代，辑为“汉译世界学术名著丛书”，汇涓为流，蔚为大观。丛书自1981年开始出版，历时三十余年，迄今已推出七百种，是我国现代出版史上规模最大、最为重要的学术翻译工程。

丛书所选之书，立场观点不囿于一派，学科领域不限于一门，皆为文明开启以来，各时代、各国家、各民族的思想与文化精粹，代表着人类已经到达过的精神境界。丛书系统译介世界学术经典，引领时代思想，为本土原创学术的发展提供丰富的文化滋养，为推动中国现代学术和现代化进程做出了突出的贡献。

为纪念商务印书馆成立120周年，我们整体推出“汉译世界学术名著丛书”120年纪念版的珍藏本，寄望既利于文化积累，又便于研读查考，同时向长期支持丛书出版的译者、编者和读者致以敬意。

两甲子后的今天，商务印书馆又站在了一个新的历史时间节点上。我们不仅要铭记先辈的身影和足迹，更须让我们的步伐充满新的时代精神。这是商务人代代相传的事业，更是与国家和民族的命运始终紧密相连的事业。我们责无旁贷，必须做好我们这代人的传承与创造，让我们的努力和成果不仅凝聚成民族文化的记忆，还能成为后来人可以接续的事业。唯此，才能不负前贤，无愧来者。

商务印书馆编辑部

2017年10月

译者前言

《结构主义》这本书，是根据1979年第七版译出的。原著没有前言或序文，也没有声明该书从1968年初版之后有任何修改。通常一本严肃的学术著作在法语世界里能出版二三千册就是畅销的书了；而像《结构主义》这样一本比较难懂的书竟再版七版，可见这本书的影响之大。

但是，结构主义这一流派和本书作者对于我国读者来说还是比较生疏的。所以译者想在此作一些介绍。

皮亚杰是著名的儿童心理学家，但他远不止是一个心理学家，他还是一位兼通数学、逻辑、物理学、生物学、心理学、社会学、科学史和哲学的大学问家。他在1918年（当时他22岁）研究软体动物得自然科学博士之后，转而研究心理学成为大家，1949年又革新逻辑学，1950年发表《发生科学认识论导论》三卷。1968年发表本书——《结构主义》，这是他的“发生认识论”的一个组成部分。

皮亚杰特别着重于智慧心理学的研究。1929-1939年他任日内瓦大学的科学思想史副教授，早从三十年代起就把最先进的科学认识看作是生物界从动物到人的适应演化的结果，继承了日内瓦学派由克拉帕莱德开创的功能主义方面。他在研究儿童心理学中关于各种概念（时空、运动、因果关系、数量、言语、逻辑思维等）

的发展时，心里就随时都照顾到了与最新的科学概念（如爱因斯坦的相对论）之间的关系，于是到五十年代就初步建立起了他的“发生科学认识论”〔我们以后就简称“发生认识论”：因为发生认识论中所说的认识论，只能是科学认识论而不是哲学认识论，它是哲学认识论的前奏，但还不是通常所说的（哲学）认识论〕。在发生认识论中，其最高阶段，就是现代最先进的科学认识（并为未来更先进的科学认识敞开着大门）。

目前最先进的科学认识，其概念、方法、原理、假设等，从具体方面来看是千差万别的，新学科还如雨后春笋在产生。但是，从心理学或认知发展的历史看，它们是否有一些共同点呢？这种直到现在为止的最高级认识，到了什么程度呢？这些是皮亚杰必然要涉及到的问题。在此之前还没有人做过一个全面的综合研究来回答这些问题，他自己就来回答了。我们所译的这本《结构主义》，就是这样一种努力的产物。

皮亚杰在《结构主义》一书里的工作，是要检验现在各个研究领域里出现的主要的一些结构主义，找出结构主义的一般特点。从这一些出发，再涉及到有关结构研究的其它方面。

所谓结构主义，可以上溯到本世纪初在语言学中由索绪尔提出的关于语言的共时性的有机系统的概念和心理学中由完形学派开始的感知场概念。此后在社会学、数学、经济学、生物学、物理、逻辑……各学科领域中，都在谈结构主义。但是，结构主义的共同特点是什么？这却是个等待回答的问题。

皮亚杰综合研究之后，指出结构主义的共同特点有二：第一是认为一个研究领域里要找出能够不向外面寻求解释说明的规律，能够建立起自己说明自己的结构来;第二是实际找出来的结构要能够形式化,作为公式而作演绎法的应用。于是他指出结构有三个要素:整体性、具有转换规律或法则、自身调整性;所以结构就是由具有整体性的若干转换规律组成的一个有自身调整性质的图式体系。这样一个概念很抽象;结构存在的模式要在各个研究领域里才能精确说明。所谓结构,也叫作一个整体、一个系统、一个集合。一个结构的界限,要由组成这个结构的那些转换规律来确定。而所谓转换,在有的学科中译为变换,就是表示变化的规律,通常用一个以上的数理逻辑公式来表示。公式在具体生活中的应用就是具体运算。而这种公式原来就是从具体运算中抽象出来的。所以运算是形成结构的基础。在各种科学认识里,运算的第一性是结构主义的关键。

皮亚杰于是依据结构的上述三种共同要素去检验不同领域里现存的种种结构主义。最后在结论里得出一般结构主义的共同性质。

现代科学经过近二百年的发展,经过各种实验、归纳、统计、分析等等,到二十世纪初年虽然得到极大成果,但是也遇到了各种一时不能解决的矛盾。许多学科都得出结论:过去把研究对象分析为许多组成成分的办法行不通,整体并不是各成分的简单总和,它比成分的总和还要多一些,即整体还有整体作为整体自己的性质。从整体出发来认识部分,实践证明是有成果的。甚至有些研究对象,只能一开始就从整体来研究才有可能。于是许多学科都产生了革命——结构主义的革命,要求打破“原子论式的”研究,进行整体的研究。这种就整体、系统、全部集合来从事的研究,都称为结构主义的研究。

最古老最典型的结构是数群。一个数群(简称“群”)如正负整数群,是一个诸成分(这里是正负整数)的集合或整体。在这个整体里,成分由组织规律联结起来(这里是加法),这就是这个结构里的转换规律。用这个转换规律加在任何成分上,得到的总是正负整数。这样一个正向运算,可以用一个和它对等的反向运算来还原(即减法),回到出发点。有一个中性成分(在这里是0),任何成分和它结合起来所得的仍旧是那个成分。而且在这个结构或群里的几个成分组合起来,还服从加法交换律,表明可以经由不同途径达到同一目的或结果。于是用数理逻辑形式可以这样表示出来:

$$n+0=0+n=n;+n-n=-n+n=0;$$
$$(n+m)+1=n+(m+1)。$$

这样的三个转换规律,就表明了一个正负整数群的全部结构。而且这个结构具有“完善的”自己预先改正错误的性质,因为可以用互反性来自己检验,$+n-n=0$;绝不能产生 $+n-n\neq0$ 的情况,因为否则就 $n\neq n$ 而违反了矛盾律了。所以,这样一个群结构是具备有转换规律的、能够自己调整的整体,它的内部的成分的来源都可以用这个结构自己的那些规律清楚地加以说明,而不必另向外界去找说明的理由。

现在的科学,就都要求按照这样一个模型来作说明,表示为类似的形式化或其近似形式即控制论的模式。这是一般结构主义的理想。因为这样一个群结构,体现了理性主义的三个基本原则:不矛盾律,同一律和目的不因通过的手段而改变。

皮亚杰在解释说明了群的性质之后,从数学史上介绍了克莱因和布尔巴基学派的成就，说明由于结构主义的研究，数学成了一个以群结构推广而得的结构的系统，这个系统可归结为三类“母结构”。他认为这三类结构在人类幼年已经在与客体世界接触而得的动作的普遍协调里有其萌芽了。所以，不言而喻，人类的认识，比如各种先进科学，何以能用从数学运算中抽象得来的数理逻辑系统的公式做说明，那是有其共同的来源的缘故。

皮亚杰进而考察逻辑。他说明逻辑的纯形式的研究，逻辑也是具备三种性质的结构。但逻辑体系不是一个封闭的整体，因为它的出发点是未经说明的(不下定义和不加以论证的)命题。同时它又受形式化的限制而有不能证明的定理。研究表明，逻辑不是像已往认为的是全部数学的来源，而是一种布尔代数学。而且从自然思想的发展中可以追溯其心理上的起源。逻辑运算也一样受到形式与内容是相对的这个事实的制约。

接着检验物理学方面的结构。皮亚杰指出，从经典物理学到现代物理学里的测量理论，都有结构存在。它们是不以人的意志为转移的，但却与人的运算结构相符合。物理因果关系与运算结构的紧密联系，在前者部分地依靠人为建立起来的模型时或与实验人的活动不能分开时，这是好理解的。但物理结构有客观性(与人无关)的时候，为什么也与运算结构相符呢？皮亚杰的回答是：人是在与这些现象发生关系的动作里发现因果关系的；并且在动作的普遍协调里发现一定量的原始结构，使反映抽象有了出发点。等到产生了用数理逻辑的形式化表达出来之后，转换规律就从有时间性的现象中脱离出来而成为没有时间性的了。

关于主体与客体的转换结构相符的问题，皮亚杰说，如果人能精确地了解自身的结构的话，那么因为人既是物理化学组成的复杂客体，又是主体活动的源泉，所以是会确切地解决的。但是过去的还原论式的机械论和唯生论都不能解决问题。只有从“生物体内平衡”概念产生之后，人们才看到机体由整体和分化了的器官来保证机体的调整。这种平衡作用，是由机体发展各阶段的结构来保证的：从胚胎最初的基因团起，就通过对外来环境的刺激起同化作用而演化。这种理解，为发生心理学的结构主义提供了必要的基础。

皮亚杰在心理学中回溯了以感知场为基础的“格式塔”派结构主义，指出场假设里引进的平衡和最少动作的物理效应的重要性和它的主要缺点。首先，从知觉领域起，主体就已经参与了结构的构造和调整作用；在动作和智慧的层次上更表明是有个构造过程的。皮亚杰总结他的长期观察研究，说明人类的结构从开始的萌芽到最后逻辑结构 INRC 四元群的形成，通过若干阶段，要十多年时间才构造成功。结构不是天赋的，也不是从外在世界直接接受得来的；而是通过反映抽象和一项在自身调整意义上的平衡作用这双重作用而构成：反映抽象提供逐步需要的资料；平衡作用提供结构内部的可逆性组织，从而建立起最终的必然性和具备可逆性的不受时间性限制的程式。

建立认识结构，是个永恒的构造过程，不能脱离主体的活动。从个别主体的结构达到“认识论上的主体”的水平，要经过不断的“除中心作用”，以求达到能建立起“人工智能”的模式。主体是结构之间建立联系的起功能作用的中心。由于不存在“所有结构的结构”，即形式化有限制，在形式化逐步进行的过程中就可以建立起结构的系谱学来；同时，各种结构在一步一步具体形成时的平衡作用，就形成了发展心理学上的具体演变关系。

导致形成结构的主要功能，是“同化作用”，这种作用使有机体在适应环境时使客体在机体和能量两方面与有机体自身同化，并在整合客体于自己时产生新的图式；在新的概念性表象的层次上形成新的普遍图式，即结构。

关于传输交流和进行思维的言语表达，皮亚杰指出，他与逻辑实证主义者把逻辑和数学看作是一种普通句法学和普通语义学不同，而是把逻辑和数学看作是以动作的普遍协调为出发点的构造过程和反映抽象的产物。这种普遍协调可以应用到任何东西上去，也适用于语言结构。

皮亚杰指出，索绪尔的语言学结构主义，从一般结构主义的观点看，重要的有三点：一是他把语言结构与发展规律对立起来看；二是他坚持了语言结构的自主性；三是他提出了语言符号的权宜性问题。但是总的来说，他和以后的一些学者所主张的还是描述性质的、静止的结构主义。

但是从哈里斯到乔姆斯基的语言学，对句法结构学却采取了发生学关系的研究，提出了转换规律；着重言语的创造性，把生成语法法典看成是同化在主体思维里的东西。乔姆斯基还认为生成法典的根源是理性，是要由遗传性来解释的。在方法论上，他与在他之前的人用归纳法积累事实不同，而是从语言心理学、普通语言学和数理逻辑形式化三者的混合体出发形成他的语言学结构的概念，建立起一个真正的结构主义的程序。这个程序可以说明个人的能力，又可以说明语言是一种制度，减轻了语言与说话之间的对立，把个体发生论与种系发生论的关系处理得符合皮亚杰的发生认识论。

不过乔姆斯基把语言能力诉之于天赋性质和遗传的意见是有困难的。皮亚杰指出，语言结构必须用构造论来说明；言语的获得，要有预先形成的感知运动性智慧为基础，而我们可以事实上看到这种智慧如何一步步地从同化图式的逐步协调中得来。

语言结构与逻辑结构的关系问题，也就是言语与思想的关系问题，至今还是一个不能说是已经完全解决了的问题。皮亚杰认为思想不能归约为“第二信号系统”，更不是只有言语才能表达思想。智慧的发生，先于言语。但是，言语固然从部分地有结构的智慧中产生，言语也会倒转来构成智慧。所以，今后应进行更多的研究。

皮亚杰同意许多人的意见：一切社会的研究都必然要导向结构主义。因为社会只能作为整体来研究；整体是能动的，是转换的中枢；还有各种常模或规范，是自身调整的方向或结果：此三者，合于结构的三要素。但是，如果只有这三者，只是整体性的静止的研究，还不是真正的方法论的结构主义。这要进一步寻求组成结构的那些转换规律之间的相互作用，而且这样的一个自身满足的系统，要从下层结构里找出演绎性的解释，重建起数理逻辑模型来。

莱温的社会心理学提供了典型的例子。他介绍进了向量，用群论为工具描写整体，得出了网结构。他的学派进行了许多研究，以实验为基础而用建立结构模型来作因果关系的解释，已取得很大的成功。

帕森斯把结构看作不受外界影响的一个社会体系的诸成分的

稳定布局,从而说明平衡理论。这个体系能用调节作用保持自己的守恒,这是由于它有使结构适应于外在环境的功能。关于个人能整合共同价值的问题,他提出了“社会作用”的理论。结构迟早要表现为强制个人接受的规范或规则。结构与功能所以有必然的联系。

在经济结构里也有功能的作用,在平衡和周期的动力学分析里都可以看到。但经济结构的性质,不仅由于功能起作用,而且有一个或然率的方面,是受到经济主体的感情和认识的调整作用的反馈作用影响的。

在有严格运算性质的社会结构如法律结构里,这种内在的规范性质是由法律主体的认识所赋予的。

为了说明社会结构不能不讲功能作用,它是有发生和历史的构造过程的,皮亚杰不能不面对列维-斯特劳斯的社会文化人类学研究;后者的社会心理学与语言结构、经济结构以及法律结构是不可分的,但他所主张的是一种建立在人性永久论基础上的、否定功能作用、不讲发生历史的结构主义,但有最令人注意的演绎性质。

皮亚杰指出,列维-斯特劳斯否定历史和发生过程,是由于对信仰和习俗的起源无知,把历时性中得出的结构误认为是共时性的缘故。至于他离开联想主义而以运算体系为基础,迟早要把社会学结构主义或人类学结构主义同生物学结构主义和心理学结构主义互相协调起来,那就不能没有功能方面。

列维-斯特劳斯关于结构的性质,认为是精神的无意识活动在内容上加上了形式所产生的,它是插在基础和上层建筑之间的一个图式系统。在“实践活动”(praxis)和实践(pratiques)之间,总有一个中介,就是概念图式;由于概念图式的运算,物质和形式各自剥掉了自己的独立存在方面而组成结构,成为既具经验性又有可理解性的存在。这种结构,不是可以观察的相互作用。它的来源是总是自身同一的人的精神。因而它先于社会、先于心理活动、先于有机体。而这种精神或理智的存在方式是什么呢?问题没有答案。

皮亚杰指出,所以出现困难,是由于不了解形式与内容的相对性。只有具备加在转换作用上的成系统的、能保证自主性的自身调整的那些“形式的形式”,才是结构。这种结构是怎样来的呢?在逻辑和数学中,是通过“反映抽象”而来的。在现实里,从形式到结构,有一个普遍的形成过程,即平衡作用的过程:在物理领域内把一个体系定位在潜在可能的功的整体里(本书第9节),在有机体领域中平衡作用保证各种水平的体内平衡(本书第10节),在心理学领域中平衡作用说明智力的发展情况(本书第12和第13节),它也在社会的领域中会起到类似的作用。任何平衡状态,都包含一个构成“群”的潜在转换体系。平衡作用既说明阶段的调整作用,也说明最终形式有运算可逆性;从而解释了从有时间性的形成作用到非时间性的相互联系的过渡。从这样的观点看来,集体的智慧就是在全部协同运算中的运算活动得到平衡了的社会性,智慧是一切认知功能的平衡形式。这样,不必去追究人的精神是什么,就可以看到结构是一种仍然开放的连续不断的构造过程的结果。从演化过程看,“野蛮人的思维”在文明人之中也永远存在,只是构成科学思维的低一级水平,像是在运算意义上的“群集”。

人类学上的“互渗”观念，是在前运算水平或具体运算开始的水平意义上的前逻辑，有些像在儿童身上看到的一种关系。理性从动物或人类婴儿到更高水平，是演进而来的，有其功能作用与历史。

结构主义的研究要涉及到哲学问题。皮亚杰提出两个问题来概括。第一，为主张结构有萌芽、有历史、有功能，因而主张结构主义在科学领域中与具有辩证性质的构造论有紧密的联系。他以列维-斯特劳斯在辩证理性与科学思维的问题上同萨特的构造论的争论为例，说明在结构的领域中，构造过程在同种种肯定结合起来时产生了否定，接着又找出它们之间的协调一致而产生共同的“矛盾解决”办法；这个模式相当于一个历史程序，这个程序不断重复。在数学中，在逻辑领域，在物理科学和生物学的范围内，都依这个不是循环形的“螺线形”圈进行。

第二，对于结构主义关于历史问题的看法，皮亚杰同意阿尔都塞和后来的戈德利埃对马克思的著作进行结构主义分析的方式。阿尔都塞认为思维就是“生产”，它多半是有社会因素和历史因素从中起作用而产生的一个结果，而较少地有个别主体的成分；“具体的整体性”实际上就是这样一种思维和构思的产物。阿尔都塞指出马克思学说的辩证矛盾是一种“超决定作用”的产物，它在社会的层次上相当于物理学中的因果关系的某些形式；他据此把生产关系内部的矛盾、生产关系和生产力之间的矛盾，以及马克思主义经济学的整个机器，都安插在一个转换结构的系统里，他并努力地为这个转换结构系统提供关节部分和形式化原理。

戈德利埃指出结构与历史性的转换之间的关系还需要进一步

说明。如果把社会结构比作范畴，人们就能确定哪些是与结构相符合或不相符合的功能。但要知道在形成一个系统的全部结构里，诸结构之间的结合模式怎样在所结合的那些结构的一个里面引起占统治地位的功能，现在的结构分析还要完善，要同历史性的发生学转换作用紧密联系起来。从这种观点出发，结构的研究要优先于对结构起源(萌芽)和结构演化的研究。结论是，人的“科学”的可能性，要建立在发现社会结构的功能起作用的规律、演变的规律和内部对应关系规律的可能性上面，就是要建立在推广结构分析方法，使能解释结构及其功能如何变化与如何演变的条件上面。这样，在进行结构主义分析时，结构和功能、起源(萌芽)和历史、个别主体和社会，就都是不可分离的了。

最后，皮亚杰以批判富科在《词与物》一书中反映出来的怀疑论和消极论点作结，从反面来阐明不可能把结构主义与构造论分开。

末尾皮亚杰扼要地作出本书的结论，指出：

结构主义是方法论。它没有排他性；它倾向于把一切科学研究整合进来，在互反性和相互作用的方式上作研究。

结构的研究，并不是不要人和主体活动。所谓主体是指认识论上的主体，即人类的共同认识核心，也即认识的机制。在把主体的“我”和“生活体验”分开之后，剩下的就是主体的运算，这是从主体的动作的普遍协调里经过反映抽象得来的。这些运算就是主体用以造成结构的成分。要有继续不断的除中心作用，把主体从自发的自我中心现象中解放出来，以得到协调，建立起有互反性的构造、再构造的历程中产生的结构。

不存在没有构造过程的结构。抽象的结构体系是与永远不会完结而受到形式化限制的整个构造过程互相关联的。

结构主义与功能主义不可分。有认识的主体(他的结构与萌芽分不开),就有功能概念的价值。结构只能成为体系才有生命。没有“一切结构的结构”。主体是功能起作用的中心。

结构主义必须保持它的开放性。它的危险是到结构的实在论中去找出路。结构是运算的组成规律或平衡形式。所以关键是运算的第一性。

皮亚杰在这本小书里的叙述,毋宁说已经够抽象、概念和相当难懂了。我们在上面作的简单说明,很可能是有错误或没有抓住重心的转述。所以读者必须以原文为准。由于译者的水平有限,译文可能有许多错误,那读者只有参看原文了。

皮亚杰在本书中阐述的结构主义,称为方法论结构主义、普遍结构主义、真正的结构主义。因为他的科学认识论,是以认识论的主体(即一般意义上的不是特殊个别的人)为出发点的,把认识的基点放在主体在与客体接触中由动作产生的运算上,运算由动作内化而成,所以这个科学认识论是以心理学特别是发生心理学为基础的。他的结构主义,与他的发生认识论是紧密联系的。

皮亚杰所用的一套术语,常有自己创造的,或者在运用旧有名词时先阐明意义而重新定义。但在这本小书里,并不再加以定义了。为了更确切明白他的意义,多读一点他的其他专著是必要的。如关于反映抽象、平衡作用、认识的结构、功能等等,都分别有专书论述。读者可以进一步加以研究。

皮亚杰的科学认识论,与他的发展心理学研究是有联系而又有区别的。心理学研究属于经验科学的范围，直接从观察到的事实和关系中得出结论。对于从心理学研究所得出的概念、原理、方法、假设、结论，加以批判研究，确定它们的逻辑来源、价值、客观性质，才是科学认识论的范围。

他认为科学思维或智慧来源于运算，运算是动作内化为表象的结果。这样，他就排除了理性的先验论，也批判了经验主义和逻辑实证主义，而接近于辩证唯物主义。但是，他以动作为出发点，并不就明白宣布客观世界的物质第一性以及现实世界是取得经验的源泉。他的六十年的研究工作，都指向于建立一种认识理论，关于有机体如何能知道它的世界的理论。据说当有人问到他对本体论问题的看法时，他似乎是说："我对现实世界这个问题不感兴趣"。对于他的思想究竟应该如何从哲学上进行评价，这是一个需要深入研究的问题。

末了，关于本书的翻译，我们采用了差不多一字不漏的直译办法，以便读者有愿意对照原文阅读的，容易发现我们的错误；可是，因此也带来了阅读上的不方便，不够通顺。这是我们限于水平，不敢过于变通的缘故。书里的注释，凡用符号①②等标示的是作者原注；用星号*的是译者加的注释，多数采自英译本的注。因为译名不一定正确，所以除了多数专名在文中第一次出现时加上原文，还在书末加上我们自编的索引，俾读者遇到有疑问时可以检索，有不妥或错误时可以自己加以纠正，并希望提出来告诉译者改正。

最后，我们谨向南京大学程曾厚同志表示衷心的感谢，承他对照法、英两个版本审校了全部译文，使译文增色不少。

目　　录

第一章　导言和问题的地位 5

1．**定义**　人们常说，要规定结构主义的特征是很困难的，因为结构主义的形式繁多，没有一个公分母，而且大家说到的种种“结构”，所获得的涵义越来越不同。不过，如果把在当代各种科学中和越来越时髦的流行讨论中的结构主义所具有的不同涵义加以比较，似乎还是有可能来做一次综合的尝试的。但是，如要进行这种综合，有一个明确的条件，就是必须对于事实上总是联系在一起而法理上又应该互相独立看待的两个问题，分别开来考虑：一个是积极方面，即包含在这些不同种类的结构主义之中的已经取得的成就或带来的希望里，结构观念所具有的理想；另一个是在每一个不同种类的结构主义的产生和发展过程中，伴随着反对当时占统治地位的倾向而表现出来的批判意图。

在进行这种区分的时候，我们应该承认，所有“结构主义者”所已经达到或正在追求的一个具有可理解性的共同理想，是存在的；而结构主义者们的批判意图，则是十二万分地不同。例如，像在数
学界，对于有些人来说，结构主义乃是要反对把不同来源的各个部 6
门分割开来，同时由于利用同形结构而重又找出统一性来；对于另一些人来说，如像在连续几代的语言学家中，结构主义主要地是要把加在孤立现象之上的历时性研究抛在脑后，用共时性的理论去

找出语言的整体系统来；在心理学里面，结构主义则更多地是要反对“原子论”倾向，因为这种倾向是要力求把各个整体还原成原先存在的成分之间的若干联想。在流行的讨论之中，我们看到结构主义在攻击历史决定主义[*]、功能主义以及有时甚至还攻击一般地求助于人类主体来解释问题的一切形式。

所以，显然，如若人们要从反对不同意见的角度来给结构主义下定义，要从坚持结构主义曾经反对过的各种态度方面去下定义，那么我们就只能找到与科学史和思想史上的种种曲折变化相联系的分歧和矛盾了。反之，把结构观念的积极特征作为中心，我们就至少能够从所有的结构主义里找到两个共同的方面：一方面，是一个要求具有内在固有的可理解性的理想或种种希望，这种理想或希望是建立在这样的公设上的：即一个结构是本身自足的，理解一个结构不需要求助于同它本性无关的任何因素；另一方面，是已经取得的一些成就，它达到这样的程度：人们已经能够在事实上得到某些结构，而且这些结构的使用表明结构具有普遍的、并且显然是有必然性的某几种特性，尽管它们是有多样性的。

关于第一个近似点，结构是一个由种种转换规律组成的体系。
7 这个转换体系作为体系（相对于其各成分的性质而言）含有一些规律。正是由于有一整套转换规律的作用，转换体系才能保持自己的守恒或使自己本身得到充实。而且，这种种转换并不是在这个体系的领域之外完成的，也不求助于外界的因素。总而言之，一个

---

* 历史决定主义（historicisme）主张历史不用求助于哲学就能够建立关于道德、宗教、哲学的某些真理。

结构包括了三个特性：整体性、转换性和自身调整性。

关于第二个近似点，结构应该是可以形式化*的。不过这可以是指在发现结构之后很久，或者是紧接着在发现结构的初期阶段。需要说明的是，用形式化表示结构乃是理论家的任务，然而结构本身对于理论家而言是独立的；这个形式化，可以直接用数理逻辑方程式表达出来，或者通过控制论模式作为中间阶段。所以，形式化可能存在着不同的过渡阶段，这要取决于理论家的决定。对于他所发现的结构的存在方式，要在每一个特定的研究领域里去加以说明。

转换的概念，首先使我们可以为问题划定一个范围。因为，如果要把形式主义这个术语的一切意义包容在结构这个观念里，结构主义就得把一切不是严格经验主义的、而求助于形式或本质的哲学理论，从柏拉图到胡塞尔，主要经过康德，都包括在内，甚至还要包括经验主义的某些变种，如求助于句法学和语义学的形式来解释逻辑的“逻辑实证主义”。然而，按照现时所确定的意义，逻辑本身却并不总是包括作为整体又作为一些转换规律的结构的“种种结构”的：现时的逻辑学在许多方面仍然还是从属于相当顽强的
原子论的，逻辑结构主义还只是刚刚有了个开端。 8

所以，在这本小书里，我们将只限于谈适用于不同科学的结构主义，这就已经是相当冒险的事情了；当然最终还要谈到在不同程度上受到人文科学中出现的结构主义的启发而产生的几个哲学运动。但是，应该首先把前面提出的定义稍稍加以说明，并且还要使

* 或译：公式化。

人懂得，像一个自身封闭的转换体系这样从表面上看来如此抽象的一个概念，为什么却在一切领域里竟能使人们产生这样大的希望。

2. **整体性**　各种结构都有自己的整体性，这个特点是不言而喻的。因为所有的结构主义者都一致同意的唯一的一个对立关系（用在第1节里已经提到的各种批判意图里说的意义），就是在结构与聚合体即与全体没有依存关系的那些成分组成的东西之间的对立关系。当然，一个结构是由若干个成分所组成的；但是这些成分是服从于能说明体系之成为体系特点的一些规律的。这些所谓组成规律，并不能还原为一些简单相加的联合关系，这些规律把不同于各种成分所有的种种性质的整体性质赋予作为全体的全体。例如，数学中的整数就并不是孤立地存在的，人们并不是在随便什么样的程序里发现了它们，然后再把它们汇合成一个整体的。整数只是按照数的系列本身才表现出来的，这个数系列具有“群”、“体”、“环”等的结构性质，而这些性质是不同于每一个数的性质的。就每一个数的性质而言，可以是偶数或是奇数，是素数或是能被 n>1 的数除尽的数，等等。

9 但是，在事实上这个整体性的特性提出了许多问题。这里我们只研究其中的两个主要问题：一个是关于整体性的性质问题；另一个关系到整体有形成过程还是预先形成的这个方式的问题。

认为一切领域中都可以把科学认识论的态度归结为两者必居其一的选择问题——要不就承认是一个具有其结构规律的整体，要不就认为是从若干成分出发而来的一个原子论式的组织——这恐怕是错误的。无论谈的是感知结构或“格式塔”的完形学说，还是社会的整体性(社会的阶级整体或全社会的整体)等等,我们都可以看到,在思想史上,无论在(心理学里)知觉方面反对联想主义的先验假设或是在社会学里反对个人主义的先验假设等等,人们总是把两类学说同这些先验假设对立起来。这两类学说之中,只有第二类学说才似乎符合当代结构主义的精神。而第一类学说只是满足于把想要由简到繁办事的人们所看来是自然的思想步骤* 颠倒过来,并按照一种被认为是自然规律的"涌现"方式,一开始并不增加什么,就提出整体性来。当奥古斯特·孔德用人类来解释人,而不再是用人来解释人类,当涂尔干认为社会整体是从个人的汇合中涌现出来,就像分子是从原子的集合中涌现出来一样的时候,或者当"格式塔"学派认为在种种原始的知觉里面能立即看到一个整体性,可以比之于电磁学里的场效应的时候,这些人当然是有功绩的。他们告诉了我们:一个整体并不是一个诸先决成分的简单总和;但是,他们把整体看作先于成分,或者看作是在这些成分发生接触的同时所得到的产物,这样,他们就把自己的任务简单化了,就有把组成规律的本性这种中心问题丢到一边去的危险。

然而,在原子论式的联想图式和涌现论的整体性图式之外,是还存在一种第三种立场的。这种立场,就是运算结构主义的立场。这种立场,从一开始就采取了一种重视关系的态度;按照这种态度,认为真正重要的事情,既不是要人必须接受成分,也不是要人必须接受这样的整体而又说不出所以然来,而是在这些成分之间的那些关系;换句话说,就是组成的程序或过程(依人们说的是主观意向

* 指从感觉印象到知觉复合体,从个别人到社会群体,等等。

10 性运算还是客观现实而定)，因为这个全体只是这些关系或组成程序或过程的一个结果，这些关系的规律就是那个体系的规律。

但是这就产生第二个问题，这是个更为严重的问题；实际它是一切结构主义的中心问题：由组成程序或过程产生的这些整体性，从来就是被组成的吗？可是怎样组成的，或者被谁组成的？还是一开始就已经是(并且是否一直是?)处在组成的过程之中呢？换句话说，种种结构是否都具有一个形成过程？或者只有一个多少具有永久性的预先形成过程呢？一边是原子论式的联合所假定的、经验主义已经使我们习惯了的、没有结构的发生论；另一边是主张没有发生过程的整体性或形式，因而这就不断会又回到谈本质、谈柏拉图主义式的理念，或谈种种先验形式的超验论的立场的危险：结构主义必须或者是从两者之间做出选择，或者是找出超越这些立场的解决办法。可是正是在这一点上，很自然地产生了最多的分歧意见——直到有这样的意见，认为不应该提出结构与发生论的关系问题，因为结构从本性上来说是非时间性的(好像在这里并不存在选择的问题了，而这正好就是预成论的意思)。

事实上，这个由整体性概念本身已经引起的问题，只要我们认真地对待“结构”的第二个特性，就可以清楚了。从“结构”这个术语的现代含义来讲，“结构”就是要成为一个若干“转换”* 的体系，而不是某个静止的“形式”。

3. **转换**　如果说被构成的这些整体性的特质是由于它们的

* 在有些学科里译为“变换”。

组成规律而得来的，那么这些规律从性质上来说就是起造结构作用的。正是这种永恒的双重性，或更正确地说，这种总是而且同时
是起造结构作用和被构成的这种两极性的特性，首先说明了这个 11
概念能获得成功的道理。而且，这个概念，就像库尔诺的“级”(order)[*]的概念一样（不过这是现代数学结构中的一个特殊情况），通过它的运用本身，就保证了它的可理解性。然而，一项起结构作用的活动，只能在一个转换体系里面进行[**]。

这项限制性条件看起来可能叫人奇怪，如果人们是对照索绪尔在开创语言学结构主义时的学说（索绪尔只谈了“系统”，并且是为了用来说明共时性的对立规律和共时性的平衡规律的）来看的话，或者是对照心理学结构主义最早的形式来看的话，因为一个“格式塔”（完形）所说明的知觉形式的特征，一般是静态的。然而，要判断一个思想潮流，不能光看它的来源，还要看它的流向，而且从语言学和心理学的一开始，我们就看到转换观念的出现了。语言的共时性系统不是静止不动的：它要按照被这个系统的各种对立或联系所决定的需要，拒绝或接受各种革新；在人们还没有看到在乔姆斯基学说意义上的“转换语法”诞生之前，索绪尔的在某种

* 英译本注：可以参考英文《社会科学百科全书》(*Encyclopaedia of the Social Sciences*)，V，第 364 页及以下各页 Oscar Morgenstern 所写的数学经济学条目。“级”(order)是 Augustin Cournot 所著的《关于财富的数学原理的研究》(*Researches into the Mathematical Principles of Wealth*，1838；New York：Kelley，1927)这本第一个系统研究数学经济学的著作中所提出的概念。

** 英译本注：为了简要说明这个内部决定的观念，可以参阅例如魏尔的《数学和自然科学的哲学》(Hermann Weyl，*Philosophy of Mathematics and Natural Science*，Princeton：Princeton University Press，1949)，第 24 及以下各页。

程度上已经是能动的平衡概念很快地就延伸为巴利的文体论*；而巴利的文体论已经在种种个别变化的有限意义上研究转换关系了。至于心理学里的“格式塔”，它们的创始人从一开始就已经谈到了转换感觉材料的“组织”规律，到今天人们关于这些规律所作出的概率论概念，又把知觉的这个转换方面强化了。

12 事实上，一切已知的结构，从最初级的数学“群”结构，到规定亲属关系的结构等，都是一些转换体系。但是这些转换，可以是非时间性的（因为，如 1+1 立即就“成”2，而 3 并不需要有时间上的间隔就“紧跟”在 2 的后面了），也可以是有时间性的（因为像结婚就要用一点时间）。而且，如果这些结构不具有这样的转换的话，它们就会跟随便什么静止的形式混同起来，也就会失去一切解释事物的作用了。但是，这就不可避免地会提出这些转换的来源问题，所以直接地说，也就是这些转换和“形成过程”的关系问题。当然，在一个结构里，应当把它受这些转换所制约的各种成分，跟决定这些转换的规律本身区分开来。于是，这样的一些规律就可能很容易被人看成是不变的，并且甚至在不是严格形式化（用形式化在科学上的意义）的一些结构主义里，我们找到一些不甚倾向于发生心理学的杰出人物，也竟会从转换规则的稳定性一下子就跳到天赋性去：例如乔姆斯基就是这样的情况，在他看来，生成语法似乎必须要有天赋的句法规则，好像要解释稳定性，就不能用平衡作用的限制性过程来说明，就好像把天赋性的假设交给所假定的生

* 巴利（Bally，C.）的文体论有两本著作：*Précis de stylistique*（Genève，1905）和 *Traité de stylistique française*（Heidelberg，1909）。

物学，就不会引起像发生心理学所引起的那样复杂的形成过程问题似的。

但是，一切反历史的或反发生论的结论主义，它们没有明说出来的希望，就是要把结构最后建立在如同数理逻辑体系的结构那样的非时间性的基础上面（而在这一方面，乔姆斯基的天赋论还伴随着要把他的句法归结为一种“单子”式* 的形式结构）。不过，如 13
果人们要着手建立一个有关各种结构的普遍理论，这个普遍理论必须符合跨学科的科学认识论的要求，那么，除非一下子就躲进先验论的天国里去，否则在非时间性的转换体系面前，如“群”结构或“部分的集合”（ensemble des parties）的网结构等，就不大可能不问一下，结构是怎么得来的。于是，人们总可以先提出一些规定作为公理；但是从科学认识论的观点看，这只是一种高雅的偷换办法，它就是利用一群勤劳的建筑者以前的劳动，而不是自己去建立起始的材料。另一种方法，从科学认识论上看来要比较地不容易在认知方面受到那种在表面上接受而把问题的实质加以改变的待遇，这就是建立结构的谱系学的方法，是哥德尔在各种结构之间引进比较“强”些或“弱”些的区分而不得不采取的方法（见第二章）。在这种情况下，有一个中心问题是回避不了的；这还不是历史的或

* 英译本注：本书在第 16 节末尾也提到单子。这可能是指在 R. D. Luce，R. R. Bush 和 E. Galanter 合编的《数学心理学手册》（*Handbook of Mathematical Psychology*，New York：John Wiley，1963-1965.）里乔姆斯基写的条文中的一段（2.274），他在那里说：“包含一个同一性而且在一个结合性组合规律支配下的封闭的集合，叫作‘单子’。因为单子要满足一个群的四个公设中的三个，它们有时被称为‘次群’〔或叫‘群集’〕。一个‘数群’就是一个‘单子’，它的成分都是有可逆性的。”在乔姆斯基所著的《句法结构》（*Syntactic Structures*）里没有谈到单子。

心理发生学的问题，但至少是个结构的构造问题，以及结构主义与构造论之间的分不开的关系的问题。所以，这将是我们将要讨论的诸论题之一。

4. **自身调整性** 结构的第三个基本特性是能自己调整；这种自身调整性质带来了结构的守恒性和某种封闭性。试从上述这两个结果来开始说明，它们的意义就是，一个结构所固有的各种转换不会越出结构的边界之外，只会产生总是属于这个结构并保存该
14 结构的规律的成分。例如，做加法或减法，把完全是任意的两个整数一个加上另一个或从一个中减去另一个，人们总是得到整数，而且它们证实这些数目的“加法群”的那些规律。正是在这种意义上，结构把自身封闭了起来；但这种封闭性丝毫不意味所研究的这个结构不能以子结构的名义加入到一个更广泛的结构里去。只是这个结构总边界的变化，并未取消原先的边界，并没有归并现象，仅有联盟现象。子结构的规律并没有发生变化，而仍然保存着。所以，所发生的变化，是一种丰富现象。

这些守恒的特性，以及虽然新成分在无限地构成而结构边界仍然具有稳定性质，是以结构的自身调整性为前提的。毫无疑问，这个基本性质，加强了结构概念的重要性，并且加强了它在各个领域里所引起的希望。因为，当人们一旦做到了把某个知识领域归结为一个有自身调整性质的结构时，人们就会感到已经掌握这个体系内在的发动机了。当然，结构的这个自身调整性，是按照不同的程序或过程才能实现的，这就又引入了一个复杂性逐渐增长的级次的考虑；因此，就又归结到了构造过程的问题和最终是形成过

程的问题。

在这个梯级的顶端(但一旦用“顶端”这个词,就可能有不同的意见,在我们认为是“顶端”的地方,有些人将会说那是金字塔的基础),自我调整通过非常有规则的运算而起作用。这些规则不是别的,正是我们所考虑过的结构的那些整体性规律。于是,人们也许会说,谈自身调整性是在玩文字游戏,因为,人们想到的,或者是指 15
一个结构的那些规律,那当然是由这些规律来调整这个结构的;或者是指进行运算的数学家或逻辑学家,如果他们是正常状态下的人,那当然是会很好地控制自己行动的。不过,如果他的这些运算非常符合规则,如果结构的这些规律就是一些转换规律而具有运算性质,那么,剩下的就还要问一下,从结构的观点出发来看,一个运算是什么东西呢?然而,从控制论观点来看(即是从调整科学的观点看),运算就是一个“完善的”调节作用。这个意思就是说,运算并不局限于在知道了行动的结果时才去纠正错误,而是由于具有内在的控制手段,它能对行动的结果起预先矫正的作用,这些控制方法,如可逆性(举例如$+n-n=0$),它就是矛盾原理的来源(如果$+n-n\neq0$,那么$n\neq n$了)。

另一方面,还存在着一个不是严格逻辑性或数学性的种种结构的巨大范畴,也就是说这些结构的转换是在时间内进行的,如语言学结构、社会学结构、心理学结构等。当然,在这种情况下,它们事实上的调整是以某些调节作用为前提的,这些调节作用是在这个术语的控制论意义上说的,不是建立在严格的,也就是说完全是可逆的(通过逆向性或相互性)运算的基础上的;而是建立在一套预见作用和倒摄作用(feedbacks)的基础之上的。预见作用和倒

摄作用的应用，其范围包括了全部生命界（从生理学上的调节作用和基因团或“遗传库”的体内平衡〔homéostasie〕开始。参见第10节）。

最后，调节作用这个术语，在习常的意义上似乎是从更加简单的结构机制来的；不能不承认，这些机制也是有权列入一般所说的“结构”的领域里的。这些就是节奏机制，人们可以在生物和人类
16 的一切阶段上找到这些节奏机制的。[1] 然而，节奏是通过建立以种种对称性和重复为基础的最初级的手段来保证它的自身调节作用的。

节奏、调节作用和运算，这些是结构的自身调整或自身守恒作用的三个主要程序：人人都可以自由地从这些程序中发现这些结构“真实”构造过程的各个阶段，也可把没有时间形式的、几乎是柏拉图主义式的那些运算机制放在基础上，从而引出其余的一切，把次序颠倒过来。但是，至少从新结构的构造过程的观点来看，应该把两个等级的调节作用区分开来。有一些调节作用，仍然留在已经构成或差不多构造完成了的结构的内部，成为在平衡状态下完成导致结构自身调整的自身调节作用。另一些调节作用，却参与构造新的结构，把早先的一个或多个结构合并构成新结构，并把这些结构以在更大结构里的子结构的形式，整合在新结构里面。

---

① 近几年已经建立起了一个专门学科，用数学技术和实验技术来作生物学的节奏和周期性的科学研究（如非常普通的昼夜节奏，也就是差不多二十四小时的节奏，等等）。

第二章　数学结构和逻辑结构 17

5. **群的概念**　如果不从检验数学结构开始，就不可能对结构主义进行批判性的陈述。其所以如此，不仅因为有逻辑上的理由，而且还同思想史本身的演变有关。固然，产生结构主义的初期，在语言学和心理学里起过作用的那种种创造性影响，并不具有数学的性质（索绪尔学说中关于共时性平衡的理论是从经济学上得到启发的；"格式塔"学派的完形论学说则是从物理学上得到启发的），可是当今社会和文化人类学大师列维-斯特劳斯，却是直接从普通代数学里引出他的结构模式来的。

另方面，如果我们接受在第一章里所提出的结构主义定义，那么最早被认识和研究了的结构，是由伽洛瓦（Galois）所发现的"群"的结构，这似乎是无可置疑的。并且这个"群"的结构在十九世纪逐步征服了数学这门科学。一个群，就是由一种组合运算（例如加法）汇合而成的一个若干成分（例如正负整数）的集合*，这个组合运算应用在这个集合的某些成分上去，又会得出属于这个集合的一个成分来。还存在一个中性成分（在我们选用的这个例子

---

* 本书说的"一个集合"或"一个整体"都指"ensemble"；相对于多个而言译为"集合"，也指数学上的"集（合）"；相对于部分而言译为"整体"。它与"totalité"有时相同，但后者有时指性质，译为"整体性"。

18 里，是零），这个中性成分和另外一个成分结合，并不使这另一个成分发生改变（这儿是 $n+0=0+n=n$）；尤其是这里还存在一个逆向运算（在我们这个特定情况里，是减法），正向运算和逆向运算组合在一起，就得出那个中性成分来（$+n-n=-n+n=0$）；最后，这些组合都是符合结合律性质的组合（这儿是 $[n+m]+1=n+[m+1]$）。

群结构作为代数基础，已经显示出具有非常普遍和非常丰富的内容。几乎在所有的数学领域里，并且在逻辑学里，我们都又发现了群结构。在物理学里，群结构具有基本的重要性；在生物学里，也可能会有一天情况相同。所以，力求明了这种成功的由来是很重要的了。因为群可能被看作是各种“结构”的原型，而且，在某些人所提出的东西必须加以论证的领域里，当它具备了一些精确的形式时，群能提供最坚实的理由，使人们对其结构主义的未来，抱有希望。

这些理由中的第一条，是数理逻辑的抽象形式；群就是从中引出来的；这抽象形式，就解释了群的使用的普遍性。当有一个性质从客体本身经过抽象被发现出来以后，这个性质当然就向我们提供了这些客体的情况。但是，所抽象出来的性质越是具有普遍性，这个性质就越贫乏而有很少用处的危险，因为它对于一切都能适用。体现数理逻辑思维特点的“反映抽象”（abstraction réfléchissante）的性质则不是这样，恰恰相反，它不是从客体里抽象出来的，而是从人们对于客体所加上的动作，并且主要地是从这些动作的最普遍的协调作用（coordination）之中抽象出来的；例如从汇集（réunir）、赋序（ordonner）和找出对应关系（mettre en corresp-

ondance)等等过程里抽象出来。然而人们在群中看到的，正好就是这些有普遍性的协调作用，首先就是：a)回到出发点的可能性 19
(群的逆向运算)；b)经由不同途径而达到同一个目的，但到达点不因为所经过的途径不同而改变的这种可能性(群的结合律性质)。至于组合(如汇集等)的本性，可以不受顺序的制约(可互相置换的群)，也可以建立在必然的顺序上。

正因为这样，群的结构就成了一个确实有严密逻辑联系的工具，这个工具因内部的调整或自身调节作用而具有自己的逻辑。事实上，这个工具通过其自身的活动，使理性主义的三个基本原理发挥了作用：在转换关系的可逆性中体现了不矛盾原理；中性成分的恒定性保证了同一性原理；最后一个原理人们较少强调，但它同样是一个基本原理，就是到达点不受所经途径不同的影响而保持不变的原理。例如，在空间里位移的一个整体，就是这样(因为，两个连续的位移仍旧是一个位移；因为一个位移能够被逆向的位移或“返回”所抵消，等等)。然而位移群的结合律性质相当于“迂回”的行为，在这一点上，对于空间的一致性来说是基本的。因为，如果到达点因所经途径不同而时常在改变的话，那就会没有空间可言，而只有可与赫拉克利特所谈过的那条河相比拟的永恒流水了。

其次，群是转换作用的基本工具，而且还是合理的转换作用的基本工具。这种转换作用不是一下子同时改变一切，而是每一次转换都与一个不变量联系起来。这样，一个固体在习常空间里位移，就让它的大小保持不变；一个整体被分成为许多部分，就让总 20
和保持不变，等等。只要有了群结构，就完全可以揭露梅耶森(E. Meyerson)用来建立他的科学认识论的那个反命题的人为性质

了；按照他的反命题，一切变化都是非理性的，只有同一性才是理性的特点。

群作为转换作用与守恒作用不可分割的结合，是构造论的无与伦比的工具。这不仅由于群是一个转换的体系，而且还因为，并且主要因为，通过一个群分化成它的子群，以及有可能通过这些子群之一过渡到另一些子群，这些转换在某种程度上是可以加以配方的。就是因为这样，除了被位移图形的大小之外(因此是距离)，位移群让它的角、平行线、直线等保持不变。于是人们能使大小改变而保持其余一切不变，就得到一个较普遍的群，而原位移群成了这个更普遍的群中的一个子群：这就是相似群，可以在不改变形状的情况下放大图像。接着，人们可以改变图像的各个角，但是保持它原来的平行线和直线等，这样就得到了一个更普遍的群，而上述相似群就成了它的一个子群，这就是“仿射”几何群，例如，把一个菱形改变成另一个菱形，这个群就要发生作用。继续把平行线改变而保留直线，于是就得到一个“射影”群(透视等)，先前那些图像所构成的群就成了它嵌套的子群了。最后，连这些直线也不保留，而在某种程度上把某些图像看作是有弹性的，唯一被保留下来的是图像上各个点之间一一对应的、或对应连续的* 对应关系，于是这就产生了最普遍的群，即拓扑学所特有的“同型拓扑”(homéomorphies)群。这样，各种不同的几何学原先看来是静态的、纯粹图形化的、分散的不相联系的章节里描写的模型，现在使

* 这里“一一对应的”和“对应连续的”都用的是数学集合论里所说的在两个集合之间各成分只有一对一的对应关系的意义。

用群结构之后，就正好形成了一个巨大的构造，其转换作用，因为
有了子群之间的嵌套接合关系（emboîtement）[*]，就可以使得从一
个子结构向另一个子结构过渡成为可能（且不谈普通测量学；我们
可以依靠拓扑学，从普通测量学中引出非欧几何或欧氏几何的特
殊测量学，从而再回到位移群上来）。克莱因（F. Klein）在《埃尔兰 21
根纲领》（*Programme d'Erlangen*）这部著名著作里所陈述的，就
是这个从图形几何变成一整个转换体系的根本改变。这是由于群
结构的运用而为我们取得了的可以称之为是结构主义的确实胜利
的第一个实例。

6. **母结构**　但这还只是一个部分的胜利。在数学界可以称之为结构主义学派的，也就是布尔巴基学派（les Bourbaki）[**]的特征的乃是企图使全部数学服从于结构的观念。

传统的数学，是由各不相关的章节如代数、数论、数学分析、几何、概率论等等所形成的一个整体，其中每一部分研究一个特定的领域，各自研究若干被内在性质所决定的“存在”或对象。群结构可以应用于极不相同的成分，而不是仅仅适用于代数的运算。这个事实促使布尔巴基学派按照类似的抽象原理来展开对种种结构的研究。如果我们能把诸如数、位移、射影等（而我们已经看到，这

---

[*] 嵌套接合（emboitement），或译“包含”、“镶嵌”关系。在皮亚杰的语汇中是一个逻辑概念，用来指一系列大类套小类、小类又套更小类的关系。文中欧氏几何成为投影几何一部分，投影几何又成为拓扑学的一部分，就是这种情况。这种互套关系，可以从两个方面来看：从小到大，是小的镶嵌在大的里面；从大到小，是大的套在小的外面。所以译为嵌套接合关系。

[**] “Nicolas Bourbaki”是用这个名字发表著作的一群法国数学家的集体笔名。

里既有运算的结果，也有加在运算本身上的运算）这些已被抽象化了的对象称为“成分”，群的特性却不是由这些成分的本性来确定的。群以高一级的新的抽象超越这些成分；这新的抽象就是要抽绎出我们可以使任何一种成分都能受其支配的某些共同的转换规则。同样，布尔巴基学派的方法，就是用组成同型性（isomorphismes）的办法，去抽绎出最普遍的结构，使各种不同门类的数学成分，不问这些成分来自哪个领域，完全根本不管它们各自的特殊
22 性质，都能服从于这些最普遍的结构。

这样一件工作的出发点，是某种归纳法，因为我们所研究的各种基本结构的数目和形式都并不是先验地推演出来的。这种归纳法，导致发现了三种“母结构”，即所有其它结构的来源，而它们之间被认为是再不能互相合并了（三这个数目，是经逆退式分析得到的结果，不是某种先验构造的结果）。首先是各种“代数结构”，代数结构的原型就是群，但是还有群的派生物（“环”〔anneaux〕、“体”〔corps〕，等等）。代数结构都是以存在着正运算和逆运算为其特点，即有从否定意义上体现的可逆性（如 T 是正运算，T^{-1} 是它的逆运算，则 $T^{-1} \cdot T=0$）。其次，我们可以看到有研究关系的各种“次序结构”，它的原型是“网”（reseau 或 treillis，lattice），也就是一种普遍性可以和群相比拟的结构，这种结构最近才有人进行研究（戴德金〔Dedekind〕、比尔霍夫〔Birkhoff〕等人）。“网”用“后于”（succède）和“先于”（précède）的关系把它的各成分联系起来；因为每两个成分中总包含有一个最小的“上界”（后来的诸成分中最近的那个成分，或“上限”〔supremum〕）和一个最大的“下界”（前面成分中最高的那个成分，或“下限”〔infimum〕）。网和群一样，适用于相当大量的情况

(例如,适用于一个集合中的“部分集合”或“单化复合体”〔sim-
plexe〕[①],或适用于一个群和它的那些子群,等等)。网的可逆性普
遍形式不再是逆向性关系了,而是相互性关系:如用加号(+)替换
乘号(·)、用“先于”关系替换“后于”关系,就使“A·B 先于 A+ 23
B”这样一个命题转换成了“A+B 后于 A·B”这样一个命题了。
最后,第三类母结构是拓扑学性质的,是建立在邻接性、连续性和
界限概念上的结构。

这些基本结构被区分出来并被阐明了特性之后,其它结构就通过两个过程接着产生:或者通过组合的方式,把一些成分的整体,同时放到两个结构中(例子是代数拓扑学);或者通过分化的方式,也就是说,硬性规定某些确定子结构的限制性公设(例子是,用引进直线守恒,接着是平行线守恒,接着是角的守恒等的办法,以连续一个接一个嵌套的子群的形式,从同型拓扑群中派生出来的各种几何群。参见第 5 节)。人们同样还可以从强结构到“比较弱的结构”进行分化,例如,一个结合律性质的“半群”,既没有中性成分,也没有逆成分(自然数>0)。

为了把这些不同方面互相联系起来,为了帮助说明结构的普遍意义可能是什么情况,值得先思考一下:“数学建筑学”(布尔巴基学派用语)的基础,是否具有“自然的”性质,或者只能建立在公设化的形式基础上?这里我们已经可以在“自然数”指正整数的意义上使用“自然(的)”这个术语了;正整数在数学上使用它们之前

① 一个集合 E,是由 n 个成分组成。部分集合 P(E)就是这些成分取 1 个 1 个,2 个 2 个,……等所得到的那个集合,其中包括空集合 φ 和集合 E 本身。所以 P(E)就有 2^n 个成分。

24 先已经构成,是用从日常活动里所抽出来的运算构成的,这些运算,如早在原始社会里一对一的物物交换中所使用的、或是儿童玩耍时使用的一一对应的关系,在康托尔(Cantor)用来建立第一个超穷基数以前,已经使用了几千年了。

人们可以惊奇地看到,儿童在发展过程中最初使用的一些运算,也就是从他加在客体上的动作的普遍协调中直接取得的运算,正好可以分为三大范畴。划分的标准、根据:运算的可逆性来自逆向性,像代数结构一样(在这个儿童的特殊情况下,是分类结构和数的结构);或运算的可逆性来自互反性,像次序结构一样(在这个特殊情况下,是序列、序列对应关系等等);或者是运算组合系统不是以近似与差别为基础,而是来自邻近性、连续性和界限的规律,这就组成了一些初级的拓扑学结构(从心理发生学的观点来看,这些结构先于矩阵结构和投影结构,与种种几何学的发展历史正好相反,但却与理论推衍产生的顺序相符!)。*

所以,这些事实似乎表明,早从智慧形成的相当原始阶段时起,布尔巴基学派研究所得的那些母结构,在如果不说原始、自然还是非常初步的,并且从理论层次上说离开这些母结构所能具有的普遍性和可能有的形式化程度还很远的形式下,就已经与智慧的功能作用的必要协调,有相对应的关系了。其实,要证明刚才讨论的那些初始的运算在事实上来自感知-运动(级)协调本身是不会很难的,在人类的婴儿身上和在黑猩猩身上一样,这些协调的工

* 以上一段简单说明三大范畴与儿童思维的联系,只提了几个概念的名字,不易理解;读者可以参阅原作者在《儿童心理学》一书里的说明,该书已有中译本(吴福元译,商务印书馆,1980)。

具性动作肯定已经具有若干“结构”了(可参见第四章)。

但是,在阐明从逻辑观点看来上面这些见解意味着什么之前,我们先要看到,布尔巴基学派的结构主义,在一个值得指出的潮流的影响之下,正在转化演变的过程之中。因为这个潮流的确使人看到了发现——如果不说造成——新结构的方式。这就是要创立“范畴”(麦克莱恩〔MacLane〕、艾伦贝格〔Eilenberg〕等),也就是说要创立一个有若干成分的类,其中包含这些成分所具有的各种函数,所以这个类带有多型性(morphismes)。事实上,按照现在的 25
词义,函数就是一个集合在另外一个集合上或在自身上的“应用”,并导致建立各种形式的同型性或“多型性”。这差不多就等于说,在强调函数时,范畴的重点不再是母结构,而是放在可以发现出结构来的、建立关系的那些程序本身上面。这就又等于把新结构不是看成从先前的各种运算已达成的各种“存在”中引出来的,而是从作为形成过程的这些运算本身里抽绎出来的。

因此,巴普特(S. Papert)在上面所说的范畴里看到的,更多地是为真正理解数学家的运算而努力,而不是为了理解“一元化”* 数学的运算法的努力,这不是没有道理的。这儿就是反映抽象的一个新的例子,说明这个反映抽象法的本质,不是来自客体,而是来自加在这些客体上的那些动作(即使原先的客体已经是这样抽象得到的一个结果),这些事实,对于结构构成的性质和方法而言,

* 这里原文用的“la”mathématique。习惯上具体说数学用复数 les mathématiques,哲学家也用单数。但作者这里有意用“la”以别于复数,是指经结构主义用结构联合为一个整体的数学。这一节的主旨是把数学本身的运算跟数学家的运算对立起来谈问题,说明主要的是思想方法(反映抽象),不是已经取得的成果。

是很宝贵的。

7. **逻辑结构**　初看起来，逻辑学似乎是结构的特别有利的领域，因为逻辑学是研究认识的形式，而不是研究认识的内容。而且还进一步，当我们在(第 6 节已经指出的)“自然数”这个“自然”的意义上提出自然逻辑这个问题(现时逻辑学家的看法不对)时，我们很快就看到，逻辑形式处理过的内容仍然有某些形式，具有可以逻辑化的形式的方向，这些内容的形式包括了一些加工得更差的内容，但这些内容又是有某些形式的；如此依次类推，每一个成分
26 对于比它高级的成分来说是内容，而对于比它低级的成分来说是形式。

但是，固然这些形式上的嵌套接合关系和形式与内容的相对性，对于结构主义理论说来都是极有启发意义的，逻辑学对于这些关系和相对性的问题却并不感觉兴趣，只是在形式化的界限问题(参看第 8 节)上，才间接地有关。符号逻辑或数理逻辑(今天唯一算得上的逻辑)是建立在这上升的形式-内容阶梯上任意一点的，不过要有使这任意一点成为一个绝对起点的系统化的意图；这样一个意图是合理的，因为这个意图借助于设定公理的方法是可以实现的。事实上，只须选择一定数目的概念和一定数目的命题作为起点；把这些概念看作是不能下定义的，意思是说，这些概念是用来为其它概念下定义的；并且把这些命题看作是不要加以论证的(因为对于所选择的体系而言，选择这些概念是自由的)，而这些命题却是为论证服务的。不过，这些基本的概念和公理应该是充分的，它们相互之间可以并存，并且要减少到最低限度，就是说不

是多余的[*]。其次，要只用运算程序的形式给自己定出一些构造规则；于是形式化就成为一个自给自足的体系，并不求助于外在的直觉，而且这个体系的起点在某种意义上是绝对的。不言而喻，还有一个形式化的上界问题，还有要知道那些不能下定义和不要加以论证的范围有多大，这些认识论的问题。但是，从逻辑学家所处的形式观点来看，这儿无疑就是唯一的一个在纯粹是内部调整意义上，也就是在完全自身调节作用的意义上，绝对自主的例子。

因此，从广义的观点出发，我们可以同意，每一个逻辑体系（逻 27
辑体系是有无数个的）都能组成一个结构，因为每一个逻辑体系都具有整体性、转换性和自身调整性这三个性质。然而，一方面，这是些专门为此（ad hoc）建立起来的“结构”。而不管我们是否说出来，结构主义的真实倾向却是要达到“自然的”结构；“自然的”这个概念有点模棱两可，并且经常是名声不好的，它或者是指在人性中深深扎根的意思（有重又回到先验论上去的危险），或者相反是指有一个某种意义上独立于人性的绝对存在，它只是应该适应人性而已（这第二个意思有重又回到超经验的本质上去的危险）。

另方面，这里有一个更严重的问题：一个逻辑体系，就它所证明的定理的整体而言，就是一个封闭性的整体。但是，这只是一个相对的整体，因为对那些它不加以证明的定理而言（特别是那些不能决定真假的定理，原因是形式化有限度），这个体系的上方是开放着的；而且这个体系的下方也是开放着的，原因是作为出发点的概念和公理，包含着一个有许多未加说明的成分的世界。

---

* 多余，指在同一个体系里的几个部分之间有同一成分而言。

后面这个问题，是我们称之为逻辑学的结构主义所特别关心的问题。因为逻辑学结构主义所明白说出来的企图，就是要找出，在被所设定的公理法定了的作为出发点的那些**运算下面**，可能有些什么。而我们已经找到的，乃是一个若干真正结构的整体，不但可以和数学家所使用的大结构——这些大结构使人在直觉上必须接受，与它们的形式化无关——相比拟；而且与数学家所使用的某
28 些大结构是有同一性的，于是它又成了我们今天叫作普通代数学的这个结构理论的一部分。

特别使人感到惊奇的，是十九世纪符号逻辑学的伟大创始人之一——布尔的逻辑学，构成了一种代数学，叫作布尔代数学。布尔代数学保证了“类”的逻辑和传统形式下的命题逻辑的解释，而且相当于模数为 2 的算术，就是说它唯一的值是 0 和 1。可是，我们可以从这个代数学中引出一个“网”的结构（参看第 6 节），只要在所有网结构的共同特性上，增加一个分配性的特性，一个包含着一个极大成分和一个极小成分的特性，还有主要的一个是互补性的特性（这样，每个项都包含了它的逆向或否定项）：于是人们称之为“布尔网”。

另一方面，排中选言的（或者是 p，或者是 q，不能兼是两者）和等价的（既是 p 又是 q，或者既不是 p 也不是 q）这两种布尔运算，二者都能组成一个群，而且这两个群之中的每一个群，都可以转换成一个交替的环[①]。这样，我们看到，在逻辑学上又找到了数学上通用的两个主要结构。

---

① 参看 J.-B. Grize 著《逻辑学》（*Logique*），第 277 页，载法国版《七星百科全书》（*Encyclopédie de la Pléiade*）第 XXII 卷，《逻辑学与科学知识》（*Logique et connaissance scientifique*），Piaget 等人合著。

但是，此外我们还能抽绎出一个更普遍的群，作为克莱因四元群(groupe de quaternalité)的一个特殊情况。假定是这样一个蕴涵命题 $p \supset q$ 的运算：如果我们把这个命题改成逆命题(N)，就得到 $p \cdot \bar{q}$(这就否定了蕴涵关系)。如果我们把 $p \supset q$ 命题的两个项对调，或者单保持原来的蕴涵关系形式然而是在否定了的命题之间($\bar{p} \supset \bar{q}$)，我们就得到它的互反性命题 R，即 $q \supset p$。如果在 $p \supset q$ 命题的正常形式(也就是 $p \cdot q \vee \bar{p} \cdot q \vee \bar{p} \cdot \bar{q}$)中，我们把符号($\vee$)和($\cdot$)进行交换，我们就得到 $p \supset q$ 命题的对射性命题 C，即 $\bar{p} \cdot q$。最后，如果我们保留 $p \supset q$ 命题不变，我们就得到了恒等性变换 I*。于是，我们就以代换的方式得到：NR＝C；NC＝R；CR＝N；还有 NRC＝I。

这样，就有了一个四种变换的群，其二值命题逻辑运算(命题可以是二元的、三元的等等)提供的例子，和用它的“部分的集合”的那些成分组成四元运算所得到的例子有同样的多[①]；这些四元运算中的某些例子可以是：I＝R 和 N＝C，或者 I＝C 和 N＝R；但是，自 29
然从来不能 I＝N 的。

总而言之，在逻辑学中存在着一些完全意义的“结构”，这是很

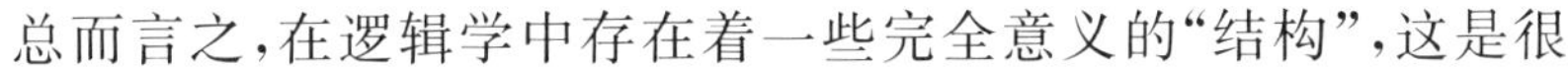

* 逻辑上习惯上译“变换”，即“转换”。

① 我们在 1949 年描述的 INRC 群(《逻辑通论》〔*Traité de Logique*〕，巴黎 Colin 出版社出版)，Marc BARBUT 曾对该书写过一篇评论(见《现代杂志》〔*Les Temps modernes*〕，1966 年 11 月号，第 246 期，“结构主义诸问题”〔Problèmes du structuralisme〕，第 804 页)，可能会引起误解，如果有人把 INRC 与一种较简单的形式看作相同的话；在这种简单形式里，对于 AB 人们可以把其它三项变换简化为(1)改变 A，(2)改变 B，或(3)同时改变两者。这种情况下，事实上只有一些互反性。INRC 群则相反，它所假设的成分不是一张四方格表的 AB，$A\bar{B}$，$\bar{A}B$，和 $\bar{A}\bar{B}$，而是它的“部分的集合”的 16 种组合(或对于三个命题的 256 种组合，……等)。所以，从心理学上说，INRC 群只是在前青年期时才出现，而 BARBUT 谈到的四成分群的各种简单模型，则 7-8 岁时就能接受了。

明确的，而且对于结构主义理论来说，更加有意义的是，我们可以从自然思维的发展中追溯这些结构在心理上的起源。所以，这里有一个问题，要留在将来再加以讨论。

8. **形式化的权宜性限度** 但是，关于逻辑结构的思考，对一般结构主义来说，还有另外一个好处，就是指明在哪些方面"结构"不能跟它们的形式化混为一谈？并且指明，在什么上面，从一种我们将要努力逐步加以说明的意义上说，结构是从"自然的"现实中产生的。

1931 年，哥德尔有一个发现，影响深远，值得注意。这是因为这个发现推翻了当时占统治地位的、要把全部数学归结为逻辑学、又把逻辑学归结为纯粹的形式化的那种观点；还因为这个发现给形式化规定了一些界限；无疑，这些形式化的界限是可以变动的，或者说是权宜性的，但是在结构建立的某个时候却始终是存在的。的确，他已经证明了一种足够丰富和前后一贯的理论，例如像初等算术，是不能用它本身的手段或某些更"弱"的手段（在这个特殊情
30 况下，是怀特海和罗素的《数学原理》中的逻辑）来证明它本身是没有矛盾的：仅仅依靠它自己的工具，这个理论就的确会导致一些不能决定真假的命题，因而也就不能达到完备的境地。相反，人们后来发现，在作为出发点的理论内部原来不能实现的这些论证，要是用了更"强"的手段，却可以实现。金琛（Gentzen）用康托尔的超穷算术在初等算术上做到了这点。但是，康托尔的超穷算术也无法完成它自己的体系；为了做到这一点，就得求助于更高一级形式的理论。

这些阐述第一个值得注意之点是，在诸结构是可以互相比较的某个特定的领域内引进了结构相对强弱的概念。这样，引进的等级关系马上就暗示了一个构造论观念，就像生物学里不同特性的等级关系曾经暗示过演化论观念一样：一个弱结构使用较初级的方法去论证，而设计越复杂的工具则和愈来愈强的结构相对应，这样看似乎是合理的。

然而，这个构造论观念并不是随便想出来的。哥德尔这些发现的第二个基本教训，的确就是非常直接地迫使大家要接受构造论观念，因为要在论证其不矛盾性方面完成一个理论，只分析这个理论的先验的假设是不够的，而必须去建造下一个理论！直到那时候，人们原可以把各种理论看作是组成了一座美丽的金字塔，建立在自给自足的基础之上，最下面的一层是最坚固的，因为它是用最简单的工具组成的。但是，如果简单性成了弱的标志，如果为了加固一层就必须建造下面一层，那金字塔的坚固性实际上是悬挂在它的顶上；而金字塔的这个顶端本身也没有完成，而要不断往上增高：于是金字塔的形象要求颠倒过来了，更确切地说，是被一个越往上升越来越大的螺旋塔的形象所代替了。

事实上，结构作为转换体系的观念，因此就与连续形成的构造论(constructivisme)一致了。然而，事情发展到这种样子的理由归根结蒂是相当简单的，而且意义是相当普遍的。我们已经从哥德尔的研究结果中引出了若干关于形式化的限度的重要看法，并已能证明除了存在形式化的等级之外，还存在着不同程度的半形式化半直觉性的或相近的知识的不同等级，可以说，它们也在等着实现形式化。因而形式化的界限是可变动的或权宜性的，而不是

像标志王国的疆界的一堵城墙那样，一旦封闭，就一成不变了。拉德利哀(J. Ladrière)曾提出一个巧妙的解释，他认为“我们不能一下子就把思维可能有的各种运算一览无余”。[①] 这是第一个正确的估计。但是，一方面，我们思维可能有的运算数目不是一下子就能确定的，而是有可能逐渐增加的；另一方面，我们的浏览能力随着智力的发展而变化很大，所以，我们可以希望浏览能力的扩大。
32 反之，如果我们考虑到第7节开头所提到的形式与内容的相对性，干脆地说就是由于这样的事实：不存在只有形式自身的形式，也不存在只有内容自身的内容，每个(从感知-运动性动作到运算，或从运算到理论等等的)成分都同时起到对于被它所统属的内容而言是形式，而对于比它高一级的形式而言又是内容的作用。初等算术是一个形式，这是毫无疑问的；但是，初等算术在超穷算术中成了一个内容(作为“可数的幂”)。结果是，在每一个层次上，一定内容的可能的形式化，仍然是受到这个内容的性质所限制的。相对于各种具体的动作来说，“自然逻辑”虽然是一个形式，但“自然逻辑”的形式化并不能推得很远；直觉数学的形式化能推得远得多，虽则对这些直觉数学要加以修正，才能对直觉数学作形式化的处理；依次类推。

然而，如果说在人的行为的各个阶段，直到简单到感觉-运动图式，以及这些图式的特殊情况知觉图式等，都能找到一些形式，那么是否可以从中得出结论说，一切都是“结构”，并且就此结束我们的陈述呢？在一个意义上也许可以说是的，但是只有在这个意

---

① 见 *Dialectica*，1960，XIV，第321页。

义上，就是说一切都是可以有结构的。可是，结构作为种种转换规律组成的自身调整体系，是不能跟随便什么形式混为一谈的：我们说一堆石子也有一个形式（因为依照“格式塔”学派的理论，存在着“好”形式，也有“坏”形式：参看第 11 节），但是，只有当我们给这堆石子作出一个精致的理论，把它整个“潜在”运动的体系考虑在内，这堆石子才成其为一个“结构”。这个问题，就把我们引到物理学上来了。

33 # 第三章　物理学结构和生物学结构

9. **物理学的结构和因果关系**　在人类科学的先进运动中，结构主义是已经革新了并将继续启发着人类科学的理论形态；因此，一开始就不可避免地要检验结构主义在数学上和逻辑学上的意义。但是，人们可能会问，为什么还要到物理学上来检验它的意义呢？这是因为，我们并不先验地知道，这些结构是否来源于人，还是来源于自然界，或者来源于两方面；而人和自然界的会合，是必须要在人对物理现象进行解释的领域里去加以研究的。

长久以来，物理学家的科学理想就是要测量物理现象，建立定量定律，并用一些概念，诸如加速度、质量、功、能等，来解释这些定律。物理学家用其中一些概念来给另一些概念下定义，以求保留某些守恒性原理，表示其有前后一贯性。只要在物理学的这个古典阶段上，我们就可以来谈结构，尤其是那些大理论的结构。在这些理论领域里，种种关系互相配合成为一个关系的体系。例如，在牛顿物理学里，就有惯性、作用力和反作用力相等、力作为质量与
34 加速度之积等的体系；或者如在麦克斯韦的体系中，有种种电与磁的过程间的互反性关系。但是，自从“古典物理学”动摇，物理学研究推广到了现象阶梯的极高层次和极低层次，又自从那尝试把力

学从属于电磁学的前景出乎意料地被推翻以后，我们正在看到，对于结构观念作出了愈来愈高的评价：计量理论已成为当代物理学中必须小心从事的问题，人们竟至于到了要在测量之前先去寻找结构，并且要把结构看作是一个由若干可能状态和可能转换关系组成的整体，所研究的真实系统，要在这些可能状态和可能转换的整体之中去取得它的确定位置，而同时这个位置又要用这个种种可能的整体来加以解释和说明。

对于结构主义而言，物理学的这种演变所引起的一个主要问题，就是因果关系的本性问题。更确切点说，就是在解释因果关系定律时所利用的数理逻辑结构与现实世界所假定具有的结构这两方面的关系问题。如果依照实证主义的观点，把数学解释成是一种简单的言语符号表达方式，那这个问题肯定已经不再存在，而科学本身也就归结为一种纯粹的描写。可是，只要一旦承认逻辑结构和数学结构是作为转换关系的体系而存在的，那就要确定这样的问题：是否只有这些形式化的转换才能说明在事实里所观察到的真实变化和守恒性呢？或者相反，这些形式化的转换，只是不以人们意志为转移的、客观的物理因果关系的固有机制内化在我们心灵中的反映；或者最后是这些外在的结构和我们运算的结构之间存在着一种虽然没有同一性，却具有永久性的联系，而在一些中 35
介领域，例如在生物学结构或我们的感知-运动动作的领域里，我们会看到这种联系正在具体地体现在这些领域里并在起作用。

为了明确观念，本世纪初关于因果关系的伟大学说之中有两个学说可以引来作为倾向于上述三种解释中的前两种的代表：第一种是梅耶森的解释，他把因果关系看成是先验性的，因为因果关

系是从不同关系之中归纳出来的相同的东西;第二种是布隆施威克(L. Brunschvicg)的解释,他用"存在着一个(相对论意义上的)宇宙"这个公式来为因果关系下定义。然而,这两个体系中,第一个体系的明显困难是,仅仅解释了守恒方面而放弃了转换的方面,而在"非理性"的范围里转换对于因果关系来说却是主要的。至于第二个体系,它带来的结果则是,把运算的结构合并进了因果关系里去,把算术看作是一个"物理数学"的分科(且不管人们谈到布隆施威克的唯心主义会说的一切!)。但是,这个假说还有待于心理生物学的验证。

从这里再回到物理学上来,第一个明显的事实是,对于一整套定律进行的数理逻辑推演,只要仍然是形式上的,就不足以解释这些定律:要进行解释,就还要假设在现象下面有一些存在或"客体",以及这些存在之间互相在另一方身上行使实际的作用。但是,特别令人印象深刻的事实是,这些实际作用竟在许多情况下与运算非常相似,而且正是到了前者与后者之间具有对应性的程度时我们才感到是"理解了"。可是,理解或说明,一点也不限于把我们的运算应用在现实上,证实现实世界是"让人摆布的";因为一个简单的应用,依然还是在定律层次之内的东西。为了要超出这个层次,得出原因,必须还要有更多的东西:必须把这些运算分别赋
36 予作为客体的客体所有,而且把这些客体理解为它们本身就是算子[1]。到了这时,而且只有到了这时,我们才能谈论因果"结构",

---

① 算子是微观物理学里的通用概念。在微观物理学中,可观察的大小已由互相依赖的算子所代替;但是在我们这儿赋予它的通俗含义上,也是可以推广的概念。

因为这个因果结构是这些算子在它们之间实有的相互作用里的客观的体系。

从这样一个观点出发，物理的现实和用来描写这种现实的数学工具之间具有永恒的一致，已经是相当出奇的了。因为这些数学工具常常是在使用它们之前先就存在的；而这些工具在出现新事实的机会被建立起来时，它们并不是从这个物理事实里抽绎出来的，而是用推理的方法制定出来的，这种推理甚至于达到了模拟的程度。然而，这个一致，并不是像实证主义所认为的是一种言语表达方式和它所指称的事物之间的一致（因为，各种言语表达方式是没有在事物出现之前预先叙述它们将要描述的事件的习惯的），而是在人的运算和客体-算子的运算之间的一致；所以也就是在有肉体有精神的人这位特殊的算子（或者说是这位种种运算的制造者），和种种不同级别的物理客体这些不可胜数的算子之间的和谐。因此，在这儿存在的，或者是莱布尼茨梦想过的那些门窗紧闭的单子之间预先建立的和谐的光辉证明；或者是，如果这些单子偶然地不是封闭而是开放的时候，那就是已知的生物适应的最美好的例子了（就是说，既是物理化学的，又是具有认知性质的）。

然而，如果对于一般运算来说是真的，那么，对于最显著的种种运算“结构”来说就仍然是真的。例如，人们相当了解，群的种种结构（见第 5 节）在物理学中，从微观物理学一直到相对论的天体力学，已非常普遍地被应用了。然而，群结构的这种应用，对于主 37
体的种种运算结构和外部客观的算子的结构之间的关系来说，是有很大意义的。在这方面，人们可以区分出三种情况。首先，第一种情况，群对于物理学家来说可以有一个试探性的价值，但只表示

在物理上不能实现的转换关系，例如 PCT 四元群，其中 P 指的是宇称（一个图形转变成镜子里和它对称的图形），C 指的是电荷（一个粒子转变成它的反粒子），T 指的是时间的反向！其次，第二种情况，转换作用并不构成不依靠物理学家的某些物理过程，而是掌握种种因素的实验者的具体活动的结果，或者是观察人员将种种不同情况下测量仪器上可能有的读数加以协调的结果。洛伦兹群有一种实现的情况就符合这第二种类型，只要当这个群引入参照点的改变就使速度不同的两个观察者的两种观点协调起来。于是群的转换就成为主体的某些运算，但是在某些情况下在物理学上是可以实现的。当一些真实的转换是由同一个主体施加在所研究的体系上时，就是这个群的第二种实现所表明的情况。由此引出了第三种情况，群的种种转换在物理学上可以不受实验者操作的影响而实现，或者在物理学上是有意义的，但是在“潜在可能”或潜在的状态下。

这第三种情况最为有趣，它就是当几个力由自身组成力的合
38 成（平行四边形）时的情况。可以回想一下，对于合力为 R 的两个力而言，只要把这个合力的方向颠倒过来，以使得这第三个力 R′ 等于合力 R 而方向相反，即能同前两个力保持平衡。于是也应该提到，用与这个系统的种种联系相适合的一切“可能的功”的补偿作用来说明这些平衡状态，是值得称赞的说明。那么，加上力的合成原理，这就在群概念的基础上建立起一个巨大的说明性的“结构”了。

马克斯·普朗克在创造量子物理学中所起的作用，人们是相当清楚的，但人们也同样相当地了解，他并不完全适应由他所掀起

的思想潮流。他曾经主张，物理现象在服从作用原因的同时，还肩并肩地完全服从于**最小**运动的原理；然而，在他看来，这个原理属于“目的性原因的性质，目的性原因是从相反方向，也就是说是用未来，或更确切一点说是用既定目的，作为导向这个目的的展开过程的来源”①。然而，除了我们已经认为光子具有算子的品质以外，在我们认为光子具有和“有理性的生物”（同书第129页）行为相同（发光光线从某个恒星出发，尽管穿过大气层时受到种种折射，还是通过最短的光的途径到达我们这里）的能力之前，我们还得要思考一下，在这种情况下，相对于所有邻近的途径而言，费马（Fermat）积分式的**最小**值是怎样确定出来的。然而，这儿又一次像在可能的功的情况下一样，我们把现实放进全部可能的转换里去，在与真正径迹邻近的所有可能的变异之间逐步通过补偿关系，找出说明。

最后，在用概率论来说明的情况下，这些可能的转换的作用是明显的：用概率的（就是熵的）增加来说明热力学第二定律，虽则这
一次乃是和群的组成相反的一种不可逆性，亦即用组成一个可能 39
性的整体，从而推论出实在的东西来的方法（因为概率是有效事例数与这些“可能”事例数之比），来确定出一个结构的。

总起来说，存在着一些不依赖于人的物理结构，但是这些物理结构却符合于我们的运算结构，其中包括可能看来是精神活动所特有的性质，即建立在可能性的基础上，并把现实放置在这个潜在

① 马克斯·普朗克：《现代物理学中的世界形象》（*L'Image du monde dans la physique moderne*），Gonthier出版社，1963年，第130页。

可能的系统里的性质。这种因果关系结构与运算结构的紧密联系，在依靠部分地是人为建立起来的模型上的情况，或在过程的开展与实验者的活动不可分的微观物理学的特殊情况下，是相当可以理解的(从而产生了爱丁顿的比较清醒的话，他认为，不断地重又找到“群”的形式是太自然了)；相反，当许多不同来源的知识符合点表明我们外部的结构有客观性时，运算结构与因果关系结构之间存在紧密关系却提出了一个问题。关于这种情况，最简单的解释就是要记得，首先我们是在动作本身里面去发现因果关系的，不是在梅恩·德·比朗(Maine de Biran)的那种形而上学意义上说的一种“自我”的动作*之中去发现因果关系的，而是在感觉-运动性和工具性动作中，幼儿就已经发现了运动的传递性以及推力和抵抗力的作用了。然而，动作也是运算的源泉；这并不是因为动作预先包含了运算，就如同动作也并不包含全部的因果关系一样，而是因为在动作的普遍协调中包括一定量的初级结构，它们足以作反映抽象和后来的构造过程的出发点。不过这就把我们引导到生物学的结构上来了。

40 10. **有机界的结构** 活的有机体，在种种其它体系之间同时既是一个物理化学体系，又是主体活动的源泉。如果像我们已经认为的(见第1节)那样，一个结构真的是一个能自身调节的有若干转换作用的整体性体系的话，那么有机体就是各种结构的原型了；而且，如果人们能够精确地了解自身的结构，那么由于有机体

* 指人的纯粹内心思考。

的人具有既是复杂的物理客体，又是行为的原动力这双重性质，就会给我们提供一把结构主义理论的钥匙了。可是我们还没有达到这个地步；生物学经过了好几个世纪的简单化的还原主义，或者是讲得多而解释得少的唯生主义之后，真正的生物学结构主义甚至还只是刚在形成的过程中。

单就把生命现象还原为物理化学现象的尝试而言，就像种种还原问题一样，对于结构主义也已经是有教益的了。但是在这种有巨大重要性的情况下，这种尝试具有特殊的尖锐性。以往还原主义的原理，认为在无机界中认识了 A、B、C 等现象之后，就应该足以理解用它们组成的总和或乘积：从而产生了一长系列叫作“机械论”的学说。这些学说中最糟糕的例子是笛卡尔的“动物-机器”论，和那种没有明确承认失败、在许多地方还受人尊重、主张由偶然的变异并在事后选择的进化论图式。就这样，人们简单地忘记了两件主要事实。一个事实是，物理学不是靠把累积的知识相加而进步的，而是新的发现 M、N 等总是导致对知识 A、B、C 等进行全面的重新解释；可是未来仍然会有未知的 X、Y 等的发现的。另一个事实是，物理学本身把复杂还原成简单的尝试，例如把电磁学还原成机械力学这样，最后总是得到一些综合理论，其中低级的内 41
容被高级的内容丰富了，由此而来的相互同化作用阐明了整体“结构”的存在，这与加法式的组成或同一化的组成恰好相反。所以，我们可以毫不忧虑地等待着把生命现象还原为物理化学现象，因为这些还原不会把任何东西“还原掉”，而是会把这有关的两个项转换得对双方更加有利。

唯生论经常不断地用各种整体性观念、内在目的性或外在目

的性等观念,来反对简单化的反结构主义的还原论的尝试。但只要人们还没有明确说明在一个体系中发挥作用的那些转换的因果关系模式和运算模式时,这还称不上是结构。同样,摩根(Lloyd Morgan)和另外一些人坚决主张的“涌现论”学说,只限于证明有不同水平的整体性的存在,却又说这些整体性是在某个时候“涌现”出来的;这种理论只是提出了这里面存在着问题而已。另一方面,如果说唯生论着重在把有机体作为主体或主体的来源,来跟客体的机械论相对立,那也只是或者满足于从常识的内省得到启发的对于主体的表象,或者像德里施(Driesch)那样满足于亚里士多德式的“形式”的形而上学。

有趣的是要在这方面指出:生物学方面明确主张结构主义的第一次尝试,是贝达朗菲(L. von Bertalanffy)的“有机论”。这是受到“格式塔”(完形)即知觉和运动结构的领域里所进行的实验心理学研究工作的启发产生的。但是,这位生物学理论家的创作就其努力建立一种“各个系统的普遍理论”而言固然具有无可争辩的
42 兴趣,可是从生物学的当代结构主义趋向来看,主要还是在比较生物学、因果关系胚胎学、遗传学、演化理论、动物行为学等学科内部的进展,才是富有意义的。

从结构的观点来看,长期以来生理学继贝尔纳(Claude Bernard)的研究工作之后运用了一个非常重要的概念,这就是坎农(Cannon)提出的“体内环境恒定”* 的概念。这个概念,涉及到机体内部环境的永恒性平衡状态,因而也涉及到内部环境的调整,于

* homéostasie,或译为“体内平衡”。

是引起对整个有机体的自身调节作用的阐明。然而，整个有机体的自身调节作用，在三个方面超越了已知的物理平衡作用的形式（特别是按照勒·夏托列〔Le Châtelier〕原理，发生“平衡位移”时的部分补偿作用）。

第一个方面，我们看到，结构的调整，首先取决于一个总的自身调节作用，其次取决于起调节作用的各个分化了的器官。例如根据马考洋（Markosjan）的研究，血液凝固的多种因素，产生一种从种系发生学上看已经古老的自发的调节作用（可能从腔肠动物开始），然后这些因素受到第一个调节器官即激素系统的控制，最后又受第二个调节器官即神经系统的控制。

由此而来，第二个方面，一个生命结构包含一种与有机体在其整体方面起机能作用相联系的机能作用，这样，这个生命结构就担负或包含了一个在生物学意义上可以用子结构相对于整体结构所起的作用来确定的功能。在生命领域里，这个事实是很难提出异议的；但是在各种认知领域里，我们看到有些作者却用结构主义来反对任何功能主义的情况，这种意见将留在以后来 43
加以讨论。

第三方面，我们要注意，与有机结构的这种功能性质紧密联系，就是这些有机结构具有一个各种物理结构所不知道的方面（除非对物理学家来说），这就是要和意义联系起来。这些意义，在行为领域里对生命主体来说是明显的；尤其是行为领域里的本能结构，使种种遗传的“意义的标志”（动物行为学家说的种种IRM：天赋行为机制〔innate releasing mechanisms〕）都发挥了作用。但是，从出现了生物学上所特有的正常与不正常的区别之后，这些意义在任何功能活动中就不是明显的了。例如在出生时有窒息危险的情况下，血液的凝固立刻会产生一个神经系的调节作用。

但是生物体内平衡并不只有生理学上的意义。现代生物学结构主义的主要成就之一，就是已经能够抛弃掉把一个基因团作为许多孤立基因的聚合体来看，而是将之看成一个系统，在系统里，这些基因像多布赞斯基(Dobzhansky)所说的，不再"像独奏者，而是像一个乐队"似地起作用，特别是有一些起协调作用的基因，使好多个基因仅为某一个性质协同地起作用，或者是一个基因为几个性质起作用，等等。遗传学的单位不再是个别的基因团，而是"种群"，不是一个简单的混合体，而是一个种系的组合体；以致它的遗传"库"呈现出一种"遗传上的体内平衡"，也就是一种增加存活概率的平衡作用，而且正如多布赞斯基和斯巴斯基(Spassky)所已经做的，当人使几个已知种系杂交成一个"种群笼"("cage à population")，繁殖了几代之后，来研究它们的比率时，是可以验证的。还不止如此，变异的基本过程不再是突变，而是遗传上的"再组合"，这是形成新的遗传结构的主要工具。

在胚胎发生学领域中，自从发现了"形成体"(organisateurs)、结构的调节作用和复生作用之后，已经开始了的结构主义倾向，因
44 瓦廷顿(Waddington)的研究工作而越发加强了。他引进了"血缘恒定"(homéorhésie)* 的概念，也就是在发育中的能动的平衡，对

---

* 英译本注：见瓦廷顿(C. H. Waddington)著：《基因的战略：关于理论生物学上几个方面的讨论》(*The Strategy of the Genes*：*A Discussion of Some Aspects of Theoretical Biology*)，美国纽约 Macmillan 出版社，1957 年，第 32 页。

于围绕着“胚胎顺序”(créodes)即胚胎发育必须遵循的途径可能有的偏差,能够起补偿作用。但瓦廷顿尤其指出了在胚胎发育过程中以环境为一方、遗传综合体为另一方之间的相互作用(表现型的形成),并且强调了这样一个事实,表现型就这样成了基因团对于环境刺激的反应,选择就在这些“反应”上进行,而不是在遗传型本身上面进行:由于进行了这样的选择,才有“遗传同化作用”,即把获得的性质固定下来的可能性。总的说来,瓦廷顿在环境和有机体的关系上看到了一种控制论的回路,使得环境在制约有机体的同时,有机体也在选择它的环境。这里自身调节结构的概念超越了个体和种群本身,包括整个由环境×表现型×种群遗传库所组成的复合体。总之,从演化的意义上来看,这种解释是带基本性的。但是,正像还有作者仍然认为胚胎发育完全是先天形成,从而否定了后生成(épigenèse)概念的价值(相反,瓦廷顿却恢复了这个概念的全部意义),近几年来有时有人主张整个演化作用是由建立在脱氧核糖核酸(ADN)构成成分基础上的组合系统所预先确定的。要是这样,那就是某种预成论的结构主义对于演化论本身的胜利了。如若重新确立环境的地位,那环境所提出的问题就要由内源变异来提供答案了;人们一定会把辩证的意义归于演化,而不是在演化里只看到有一种永恒的先天命定作用的。先天命定说的缺陷和缺点现在已成为无法解释的了。

现代生物学的这些成就,对一般结构主义来说是很珍贵的,尤其是因为这些成就,跟行为的比较理论即“动物行为学”(éthologie)合并一起,为心理发生学的结构主义提供了不可缺少的基础。事实上,一方面,动物行为学已经阐明了存在着一个各

种本能的复杂结构，以致今天我们可以说有一种本能的逻辑，并能分析本能逻辑的各种不同的等级水平；这样，本能在成为从遗
45 传上说未编码的动作[*]和人为制造的工具[**]的逻辑之前，它先就是一种器官或有机工具的逻辑了。另一方面，同样重要的是，现代动物行为学趋向于证明，任何学习和任何记忆必须以某些先存在的结构为基础而形成（而且甚至要以核糖核酸〔ARN〕的结构为基础；核糖核酸是受生殖物质的脱氧核糖核酸即 ADN 的变异影响的复制品）。以前，经验主义到因环境不同而获得的最偶然的变化里去寻找知识构成的模式；可是，同经验的接触和因环境不同而获得的最偶然的改变，都只能通过与某些结构发生同化作用才能固定下来；并不是所有的结构都是天赋的和不能改变的，但是要比经验知识开头时的那些摸索更稳固更加一贯。

综上所述，生物学的"整体"和"自身调节作用"，虽则是物质性的，并且具有物理化学的内容，它们却使我们懂得了在"结构"和主体之间有不可分割的联系，因为有机体就是这个主体的根源：如果按照富科(Michel Foucault)所说，人只是"〔历史发展上的〕各种事物的次序中的某个裂口"，相当于"我们知识里的一个简单的褶皱"（不过还不到两个世纪）[①]；那就仍然值得记住：这个裂口和这个褶皱是从一个非常大的，但组织得很好的爆裂声中产生的，这个爆裂声就是整个生命界所构造成的。

* 指智慧活动产生的动作。

** 如后天形成的条件反射、习惯等。

① 见《词与物》(*Les Mots et les choses*)，第 15 页。

第四章　心理学的结构 46

11. 心理学中结构主义的开端与“格式塔”理论　我们可以认为，心理学里的结构观念的出现，是在本世纪初，当时，维尔茨堡（Wurzburg）学派的“思维心理学”反对（同时有法国的比奈〔Binet〕和瑞士的克拉帕莱德〔Claparède〕也反对）联想主义；联想主义企图用先存在成分（感觉和印象）之间的机械联想来说明一切。另外，特别令人注意的是，从这个时期开始，比勒（K. Bühler）就已经用严格的实验方法证明了结构的主观性质，从此，现象学就经常引用这种结构的主观性：意向和意义（这些现象学概念相当于我们在第 1 节里已经介绍过的客观定义中的具有自身调节作用的转换概念）。事实上，比勒指出了，不但判断是一种起统一作用的行为（在这一点上，所有反对联想主义的人是立即就同意的），而且思维包含着复杂性逐步增加的若干等级，他称之为 Bewusstheit（意识）（不依赖意象而赋予意义的思维），Regelbewusstsein（规律意识）（在关系结构等里面起作用的关于规律的意识），和 intentio（意向），即为了建立从思想到 47
行为的整体建筑或体系的受到计划定向的综合行为。

不过，“思维心理学”没有面向心理发生和生物学的根本的功能作用的方向，而单独在已经完成的成人智力领域里去进行分析（而且我们知道，心理学家所研究的“成人”总是在他的助教或大学

生之中挑选的)，最后就只是发现一些逻辑结构，因而产生这样一个自己必须接受的结论："思维是逻辑的一面镜子"；可是，对发生过程的分析，显然要导致推翻这些说法。

但是，最引人注目的心理学结构主义形式，毫无疑问是由"格式塔"理论所提供的。这"格式塔"理论，产生于1912年的韦特默尔以及克勒的趋向一致的研究*，莱温(K. Lewin)以及他的门徒们在社会心理学方面继续发展了"格式塔"理论①。

完形理论，或"格式塔"学说，是在现象学的氛围里发展起来的，可是只从现象学保留了关于主体客体之间基本相互作用的概念②，而决然地沿着克勒所受过的物理学家的教育和在他和别的人研究的"场"的模型中起作用的自然主义的方向发展。然而，今天再来评价，这些模型对于完形理论所曾起过的影响，在某些方面却是有害的，尽管这种影响在他的原理方面起过促进作用。

事实上，一个力场，如同一个电磁场，就是一个有机的整体，这就是说，其中力的组成按照方向和强度而具有一定的形式；不过，

* 韦特默尔(Max Wertheimer)是"格式塔"理论的先驱、哲学家，他的合作者是克勒(W. Köhler〔另一写法是 Koehler，是同一人〕)和科夫卡(K. Koffka)，克勒是生理学家、物理学家。韦特默尔在1912年发表了《关于运动知觉的实验研究》，在法兰克福导致了"完形心理学"的正式问世。克勒以进一步提出"同型"原理和1917年的论文《类人猿的智力》而闻名于世。科夫卡在1921年出版《心灵的成长》一书，因对"格式塔"理论作了最完善的系统叙述而闻名心理学界。以上三个年份，常在文献中出现，而重点有所不同。读者可参看汉译墨菲与柯瓦奇合著《近代心理学历史导引》(商务印书馆)第352-370页。

① 关于莱温的结构主义，参看第六章。

② 而且这也完全是布隆施威克学派(Brunschvicgienne)的概念，一般地说来是辩证性质的。

这里力的组成几乎是瞬间完成的。如果也可以谈转换的话，这些转换几乎是瞬时的。可是，在神经系统和多突触“场”的范围里，电 48
流的速度要缓慢得多(对于δ波直到α波来说，每秒钟循环3到9周)。如果说，从输入神经出发组成知觉是迅速的，这也不能成为可以把这个例子推广到所有的“格式塔”上去的理由。可是，克勒专注于场效应，导致他只是在“顿悟”中才看到有真正的智力行为，好像在最后的直觉出现以前的那些摸索还不是智力行为似的。尤其是，“格式塔”学派对于功能与心理发生的观点以及最后还有对主体的活动极少重视，无疑场模型是要负责任的。

正因为“格式塔”是被人这样认为的，所以并不妨碍“格式塔”代表一种使相当数目的结构主义者喜欢的“结构”类型。这些结构主义者没有明说或者已明说出来的理想，就是要找出一些他们可以认为是“纯粹”的结构来，因为他们所要的结构没有历史，更没有发生过程，没有功能，而且和主体没有关系。在哲学领域里要建立这样的本质是容易的，因为哲学领域中的发明有不受任何限制的自由；然而，在可以查核的现实世界领域里却很难遇到这样的情况。“格式塔”就给我们提供了这样一种假设，所以认真地审查这个假设的价值是重要的。

“格式塔”结构主义的中心观念是整体性观念。早在1890年，埃伦费尔斯(Ehrenfels)就曾指出，存在着一些建立在整体或形式性质(“形质”[Gestaltqualität])上的知觉，如一个音乐旋律或一个面部表情这样的复杂客体的性质。确实，如果人们把某个调的旋律转位为另一个调，那么所有一个个的音都改变了，可是人们还能听出是同一个旋律。但是埃伦费尔斯在这些整体性质中只看到了

一些与感觉的实在互相重叠的知觉的实在；而相反，“格式塔”理论的独创性，则是否认感觉作为预先存在的心理成分而存在，只赋予感觉“被组成结构的”成分的地位，而不将之看作“起造结构作用的”成分。所以，从一开始就有的，是一个具有整体性的整体，问题是要解释这个知觉整体：在这里，场的假说起作用了。按照场的假
49 说，那些输入的神经冲动并不是孤立地一个一个地触及大脑的，而是通过神经系统的电场的居间作用，几乎立即产生一些组织好的“完形”。但是，我们还得要找到这种组织的规律。

正因为一个场里的所有成分都一直属于整体，每一局部的变化都会引起整体的改组，所以，知觉整体的第一个规律，就是不仅存在有作为整体的整体特性，而且整体的量值也并不等于各部分的总和。换句话说，知觉整体的第一个规律，就是全体的组成，其规律不是加法性的；在这一点上克勒说得非常清楚，因为在他的《论物理学的格式塔》(*Die physischen Gestalten*)一书里，他不承认机械力的组成具有“格式塔”的性质，就因为机械力是以加法关系组成的。在知觉领域中，这种非加法性组成的性质是容易验证的：被分隔的空间比未被分隔时要显得大些；在某些重量错觉中，一个复杂的客体 A+B(把一根铝棒放在一个空盒子上，两者共同组成一个同一颜色的简单形式)，看起来似乎比铝棒 A 在单独时要轻一点(由于与体积发生关系等的原因)。

第二个基本规律是知觉整体有采取可能的“最优形式”的倾向(“优良形式”优先律)。这些“优良形式”的特征，是具有简单性、规律性、对称性、连续性、成分之间的邻近性等等。在场的假设中，这就是平衡以及最少量动作这些物理原理的一些效应(极值效应

[extremum]，如肥皂泡完形的情况：面积最小而体积最大），等等。还存在其它一些经过多方验证了的重要规律（如图形总是脱离背景的规律，即界限属于图形而不属于背景的规律等），可是，在我们的讨论里，只需举出前述这两条规律就够了。

首先，我们要着重指出平衡作用这个概念的重要性。用了这个概念，就可以解释优良形式优先律，不必去用天赋观念作解释了：因为平衡的规律是具有强制性的，事实上，用这些平衡规律就足以说明这些过程的普遍性，不必把这种普遍性归诸于遗传性了。另一方面，作为既是物理过程又是生理过程的这种平衡作用，同时既是一个转换体系——虽然是很快的转换——在它调整时又是一个自主的体系；这两个性质，再加上整体性的一些普遍规律，就使“格式塔”适合于第1节里为结构所提出的定义了。 50

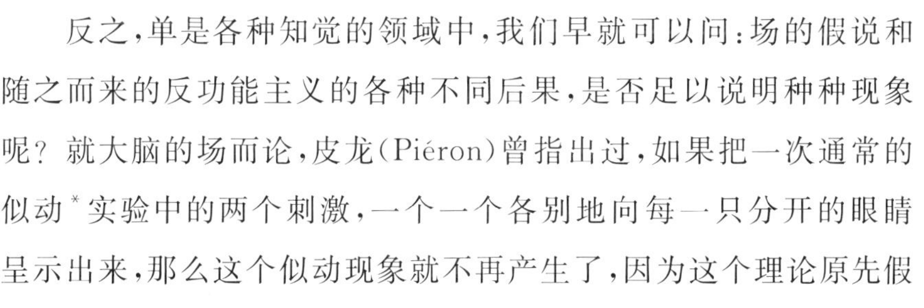

反之，单是各种知觉的领域中，我们早就可以问：场的假说和随之而来的反功能主义的各种不同后果，是否足以说明种种现象呢？就大脑的场而论，皮龙（Piéron）曾指出过，如果把一次通常的似动*实验中的两个刺激，一个一个各别地向每一只分开的眼睛呈示出来，那么这个似动现象就不再产生了，因为这个理论原先假设会存在于两个脑半球之间的即时回路没有了。

从心理学的观点看，人们能够使知觉服从于种种学习；这就和物理场的解释很不符合了。布伦士维克（E. Brunswick）证明了他称之为“经验的格式塔”的存在，与“几何的格式塔”相对立。例如，把介于一只手和一个用五根对称的羽毛组成的图形之间的一个图

* 指表面上看起来像是运动。

形，向人们快速呈示（用速示器），成年人之中只有一半的人把图形向对称图形方向修正（优良几何形式规律），另一半人则把图形改向手的形状（经验的格式塔）：可是，如果说在经验和如布伦士维克所说的在出现概率（真实模式的相对频率）的影响下，知觉发生了改变，那就是因为知觉组成结构的过程是服从于一些功能规律，而不仅是服从于物理定律（场定律）的。克勒的主要合作者瓦拉赫（Wallach）就只得承认在知觉构成结构过程中有记忆的作用。

另一方面，我同几批合作者一起[①]，也证明了：随着年岁的增大，知觉有一个明显的演化；而且在场效应（是指视力集中场的含义）之外，存在着一些“知觉活动”，即用近似于有意向的探索、主动的比较等来确定关系的活动，它们在发育过程中明显地改变了“格式塔”：如果我们用记录的方法来特别研究眼动对图形的探索，就发现随着年龄的增长，眼动越来越协调和配合。至于场效应，它们的近乎立即产生的相互作用，似乎是由在感受器官各部分和被感
51 知的图形的各部分之间的“相遇”概率机制所支配，主要是由这些相遇之间的“配对”或对应的概率机制所支配。我们可以从这个概率的图式中抽绎出一条使现在已知的种种平面几何视错觉得到协调的定律*。

总而言之，早在知觉领域中，主体就已经不是单纯的这样一个剧院：它的舞台上上演着不受主体影响的、被一种自动的物理平衡

---

① 见 J. Piaget：《知觉的机制》（*Les mécanismes perceptifs*），法国 Presses Universitaires de France 出版社。

* 较详细的内容，可参看吴福元译《儿童心理学》第 29-32 页“场效应”部分，商务印书馆，1980 年版。

作用规律事先调节好了的各种戏剧：主体乃是演员，甚至时常还是这些造结构过程的作者，他随着这些造结构过程的逐渐展开，用由反对外界干扰的补偿作用所组成的积极平衡作用——因而也就是用一个连续不断的自身调节作用，来调整这些造结构过程。

在知觉领域里起作用的东西，必然更有理由地要在动作领域和智力领域里起作用；因为格式塔学派原想把动作和智力活动服从于格式塔的一般组成规律，特别是服从于知觉的格式塔组成规律。克勒关于高等猿猴智力的那本书，因为描写的事实新鲜而令人赞赏，他在那本书里把智力行为看成是感知场向最优形式方向所发生的一种突然重组作用。而韦特默尔则力求把三段论式的作用或数学推理作用还原为服从于格式塔诸规律的某些重造结构作用。但有两大难点反对用推广"场"的假说来做这样的解释。第一个难点是，数理逻辑结构虽然一无可疑地代表若干整体性规律（见第 5 至第 7 节），却不是"格式塔"，因为数理逻辑结构具有严格的加法性质（2 加 2 正好等于 4，尽管，或者因为，这种加法是群的整体性结构的规律之一）。第二个难点是，感知-运动阶段或智力活动阶段的主体是有主动性的，而且这样的主体用反映抽象的程序 52
为自己组成他自己的结构，除了在相当特殊的情况之外，反映抽象与知觉的成图形过程是没有什么关系的。不过这个问题对于结构主义的理论来说是一个中心问题，还要更深入地加以审察。

12. **结构与智力的发生过程**　人们可以给结构提出种种起点：或者说结构是像永恒的本质那样被赋予存在的；或是从富科称为是一种考古学的那种任性的历史过程中莫名其妙地涌现出来

的；或者结构是像“格式塔”那样从物理世界里汲取来的；或者说结构是这样那样地从主体那里以某种方式产生的。然而，这些方式并不是不可胜数的。结构只能从三个方面开端：从天赋方面产生，这种先天的先形成过程使人想起了预先决定论（除非把这些遗传的起源归之于生物学的原因，这就必然要引起这些遗传起源的形成问题）；结构或者能偶然地涌现出来（这就又回到了刚才说过的“考古学”上，不过是从主体的或人的“褶皱”〔“pli”〕内部涌现出来的）；结构或者是从某种构造过程中产生的。总之，只有三种解答：预成论，偶然创造论，或者构造论（说从经验中抽出结构来，这不是一种不同的解答，因为，经验只能或者是被一种预先制约经验的组织作用所“组成结构的”，或者经验是被理解成直接接受在外部世界中预先形成了的一些外部结构而得来的）。

偶然涌现的概念，同结构的观念差不多是矛盾的（我们在第
53 21 节里还要谈这一点），无论如何，同数理逻辑结构的本性是矛盾的。因此，真正的问题是预成还是后天构成的问题。初看起来，一个结构是一个封闭的有自主性的整体，似乎结构必然是预成的，从而使柏拉图式的理论倾向在数学里和逻辑学里永远地重复发生；某种静态的结构主义，在那些醉心于主张有绝对的开始或主张要与历史学和心理学不发生关系这种立场的作者们那里，取得了胜利。但是，另一方面，由于至少在抽象的系谱学上说结构是相互产生的一些转换体系，由于最正式的结构具有运算的性质，转换的概念就暗示形成的概念，而自身调整就唤起了自身构造作用来了。

在对智力的形成作研究时所遇到的就是这个中心问题，并且是研究中必然要遇到的中心问题，因为问题是要解释主体在发展

过程中怎样获得数理逻辑结构的？于是或者说主体发现的是现成的数理逻辑结构。可是人们相当明白，主体并不是像感知颜色或物体下落那样地看出数理逻辑结构的存在的，也明白只有在儿童具有了**最低限度**的同化吸收工具时才有对结构进行教育传授（家庭的或学校的）的可能，而这些同化吸收工具已经就是属于这样的结构了（我们将会在第 17 节里看到，语言的传授也是这样的）。或者相反，我们将承认结构是主体把它们构造出来的。但是主体绝对不能随意地好像玩一个游戏或画一幅画那样来自由地安排结构。这样构成的结构，其特殊问题是要懂得，这个结构构造过程怎么样和为什么能得出一些**必然**的结果，"好像"这些必然结果是任何时候都被预先决定好了似的。 54

然而，观察和经验以最明确的方式表明，逻辑结构是被构造出来的，并且要花足足十二年左右的时间才能确立；不过也表明，这样的构造过程要服从某些特殊的规律，并不是通过随便什么方式学习得来的，而是由于反映抽象过程（参看第 5 节）和一种在自身调节作用意义上的平衡作用这双重的作用：反映抽象按照需要逐渐提供构造用的材料；平衡作用则提供结构内部的可逆性组织。这些结构**通过它们本身的构造过程**，会产生那在先验论看起来总认为是不能不放在出发点上或放在先决条件地位上的必然性；而事实上，这种必然性却只是**最终**才得到的。

当然，人的结构并不是没有出发点的；如果说任何结构都是一种发生过程的结果的话，那么在事实面前应该决然地承认，发生过程总是从一个比较简单的结构向一个更复杂的结构的过渡，而且这样一个过程是按照没有止境的后退过程进行的（根据现有的知识)。所以,逻辑结构的构造过程,就有一些作为出发点的材料,但这些材料并不是最原始的,它们只表示是我们无法再往上追溯时所取作分析的开端;这些材料还不具备从它们当中将要抽象出来的东西,和在构造过程中以后要从它们产生的东西。这些作为出发点的材料,我们用一个总的名称“动作的普遍协调作用”来表示,意指一切感知-运动协调作用所共有的联系,而不先去对各种水平作细节的分析:无论是有机体的自发运动和无疑是从自发运动稳定了的分化作用所产生的那些反射;或者更进一步的反射的复合体,以及如新生儿吮乳这样的本能编码了的复合体,以及经过习得的习惯,直到感知-运动性智力或工具性行为开始为止,都包括在
55 内。而在所有这些根源于天赋而后天获得分化的行为里,人们从中可以又找到某些共同的功能因素和某些共同的结构成分。功能因素就是同化作用,即一种行为主动产生并与新的事物整合成一体的过程(例如,婴儿吸吮拇指时就把这拇指整合在他的吮乳图式中),以及种种同化图式对于客体多样性的顺应作用。结构成分主要地就是某些次序关系(在反射中的运动次序、在一个习惯里的那些反射的运动次序、在手段和所追求的目的之间的种种接合中的运动次序),全部嵌套接合关系(一个简单图式,例如用手抓,从属于另一个较复杂的图式,例如把手拉),和全部对应关系(例如在再认性同化作用中的对应关系等)。

可是,通过种种简单同化作用和相互性同化作用的变化,这些初级协调形式从先于言语的感知-运动水平起,就可以建立某些平衡了的结构了;这就是说,这些结构的调节作用已经保证在某种程度上的可逆性了。最值得注意的两个结构,首先是实际位移群(位

移的协调、迂回和转回：参看第 5 节），以及与位移群联系的不变因素，即从感知场出来，并在重新建立起它们的位移时能够再看到的客体的永久性；其次是在各种手段性的行为中起作用的、客体化和空间化的因果关系形式（利用支撑物或棍棒等把和主体有一定距离的物体拉到主体身边，等等）。所以在这个水平上我们就可以说到智力了，但这是一种感知-运动阶段的智力，还没有表象，主要与动作和动作的各种协调作用有关。

但是从有了符号功能之后（言语、象征性游戏、意象，等等），不是现实地感知的情境也可以重视，即有了表象或思维，于是我们就看到有最初的反映抽象作用出现了。这种最初的反映抽象作用，是从感知-运动图式里抽出某些联系。这些联系于是被“反映”（物理学上的含义）在这个新的层次，即思维的层次上，而且是以不同的行为和概念性结构的形式组合成的。例如，原来是在感知-运动的层次上被放在随便哪个装接起来的图式中的次序关系，被从这些图式中抽出来而产生一个特殊的行为，即排列或序次的行为；同样，嵌套接合关系也从原来暗含它们的背景中分离出来，产生分类的行为（如图形的排列等）；种种对应关系很早就相当系统化了（一个因素可以“应用*”到几个因素上，在副本和原型之间成分对成分的对应，等等）。在这些行为中，不可否认地有了一个逻辑的开 56
端，但有两个基本限制：还没有看到可逆性，因此也不存在运算（如果我们用逆向性的可能来为运算下定义的话），其结果就不存在量的守恒（一个整体分开了就不能保持相同的总量，等等）。所以，这

* 或译为“贴合”。

只是一种半逻辑(从逻辑的本义上说,因为它缺少逻辑的一半,即逆向性);然而这个半逻辑在积极方面也表现出两个相当基本的概念:(1)首先是函数的概念,即按照次序贴合或应用的概念(有向性的配对):例如,人们把一条线折成互成直角的两个线段 A 和 B,拉这条线,儿童懂得,线段 B 拉长与线段 A 变短是互为函数的,但是他并不因此就认为 A+B 的整个长度是不变的,因为儿童判断长度的方法是次序性的(依到达终点的顺序来决定长短:比较长=比较远),而不是凭各个间隔长的总量来判断的。(2)其次是同一性的关系(尽管长度大小有改变,但还是那"同"一根线段)。然而,不管这些概念是多么地有局限性,这种函数和同一性,已经在十分原始的"范畴"(第 6 节中所指的含义)的形式下组成结构了。

产生运算的阶段(7-10 岁)是第三个阶段,然而是以建立在客体本身之上的"具体"形式表现出来的。例如:有运算性质的序列,有了包括在两个方向里的次序,这就产生了直到那时还未被认识的、或虽然已被看出但没有必然性的那种传递性;带有把包含关系量化的分类;乘法矩阵;由序列和包含关系的综合而建立的数,和由划分和次序的综合而建立的度量;把在此以前一直是顺序化的大小数量化,以及有了量的守恒。这些不同运算所特有的整体结构我们称之为"群集",即是某种不完全群(因为缺乏完整的结合律性质)或"半网"(有下限而没有上限,或者反过来有上限而没有下限。参看第 6 节),尤其是它们的组成过程是不成组合系统地逐渐进行的。

可是,在对这些结构进行分析的时候,人们不难辨认出,这些结构完全来自先前的结构,反映抽象提供了结构的一切成分,平衡作用成了运算可逆性的来源，它们是在这双重作用下得来的。于是，我们就一步一步地看到了真正的结构建立起来，因为这些结构已经是具有“逻辑性”的结构了。可是，这些结构与先前的结构相比虽然是新的，作为结构组成成分的转换却是从造成这一结构的那些转换得来的，只是因为它们有平衡了的组织而与那些转换有 57
所不同。

但是，这还不是一切；反映抽象的新的集合导致了对先前的运算进行新的运算，所以没有增加任何新的东西，只是一次重新组织。但是，这次重新组织是非常重要的：一方面，在概括综合种种分类后，主体就达到了把种种分类结合成一种分类(二次幂的运算)，称为组合系统(la combinatoire)，从而产生了“部分的整体”和布尔网；另一方面，把类“群集”的可逆性所特有的逆向性(A－A＝0)和关系“群集”所特有的互反性相协调，这就导致了 INRC 四元群的建立，这在第 7 节中已经解释过了。*

* 皮亚杰在第 11 节里阐明了逻辑结构的起源，不是瞬时涌现的，用“格式塔”理论中的场假设说不通。结构是如何产生的？第 12 节中就要说明，它不是天赋的，不是偶然发生的，而是构造成的。总的说来，是反映抽象提供的材料，平衡作用提供的可逆性，逐步构造成逻辑结构的。它有起点(受认识的限制，不是绝对的)，有一个发生过程。于是皮亚杰用最简略的说明来说出他和他的合作者经过几十年研究得出的成果：起点是动作的普遍协调作用，其根源是天赋，经过后天的同化作用和分化而发展。于是看到有感知-运动水平，符号性功能(不译“信号性功能”，因为“信号”一名常用来指巴甫洛夫学说两个信号系统里的条件作用中的意义，皮亚杰用的是索绪尔学说中的意义)的出现，第三阶段是具体运算的产生，最后形成 INRC 四元群逻辑运算结构。这个过程，皮亚杰只点了一下名称；这些名称都有他赋予的特定涵义。这对于不熟悉皮亚杰的研究工作的读者很不好懂。但本书重点只在说明结构是有构造过程的。读者要比较明了这些名称，可以参看他和英海尔德合著的《儿童心理学》(商务印书馆 1980 年吴福元译本)一书。

再回到我们出发时的问题上来。所以,我们看到,在主张逻辑结构绝对预成论和主张逻辑结构自由或偶然发明论之间,还有构造论的地位。这种构造过程,因为它对平衡作用不断增加的需要而要进行自我调整(如果调整的确是为了得到既灵活又稳定的一个平衡状态,那么,这种需要在构造过程中只会有增加),就会导致同时建立起一种最终的必然性和一种具备可逆性的不受时间限制的程式。当然,人们总可以说,主体这样只是重新找到了潜在地永恒存在的结构而已;而因为数理逻辑科学更多地是些研究可能性的科学,而较少地是研究实在世界的科学,它们是可以满足于这种柏拉图主义来供其学科内部的应用的。但是,如果我们要把彼此分割的知识发展为一种科学认识论,我们就要想一下,这个潜在的可能性又该放在什么位置上呢?把潜在可能性放在本质的基础上,只是一种用待决问题作论据的错误逻辑理由而已。到物理世界里去找也是不能接受的。把它的位置放在有机界的生命中去已经有成效得多,但不能忘记这样的情况:普通代数并不“包含”在细菌或病毒的行为中。于是,剩下的问题就是要知道构造过程本身
58 了。我们看不出为什么这样思考问题是不合理的:现实的最后性质就是永恒的构造过程,而不是把现成的结构积累起来。

13. **结构与功能** 现在有些人不喜欢用主体来解释问题。当然,如果把主体的“亲身经验”(expériences vécues)看作是主体的特性的话,那么我们承认自己就是这样的人。不幸的是仍然有更多的作者,他们认为心理学家按定义说都是集中力量从个体体验的意义上去理解主体的,那我们可以说并不知道有这样的心理学

家。如果说，心理分析学家耐心地专门研究个别病例，他们一次次地反复找到同样的心理冲突和情结来，那也仍然是因为要得到共同机制的缘故。

在建构认知结构的情况下，不言而喻，“体验”只起到一个很次要的作用。因为这些结构并不存在于一个个主体的意识中，而完全是另外一回事；这些结构乃是存在于主体的运算行为之中。还因为在达到有可能对于这些结构作科学思考的年龄之前，这些主体是从来没有意识到过这些作为整体结构而存在的结构的。

所以很显然，如果要从主体的活动上去说明前面的构造过程的话，那么这个主体就指的是认识论上的主体，也就是指在同一水平上一切个别主体所共有的机制而言，换句话说，就是“平常”主体都共有的机制。这里所说的“平常”要随便是谁到这种程度：使分析主体的种种作用的最有教益的手段之一是用方程式或机器去建立起“人工智能”的模式，并且为这个模式提供一个控制论的理论，
不是抽象地在它的结构方面（代数可以提供这样的条件），而是要 59
在它实际实现和功能起作用的方面得出各种必要和充分条件来。

正是从这种观点来看，结构是与功能作用以及在生物学含义上的功能不可分的。有的读者也许已经看到，在把自身调整或自身调节作用包括在结构的定义里面时（第 4 节），我们已经超越了全部的必要条件了。然而，每个人都承认，一个结构必然有一些组成规律，结构是调整好了的。那么，结构是由谁或用什么来调整的呢？如果是由结构的理论家来调整的，那么结构不过是形式上的存在而已。如果结构是“实在的”，那就会有主动的调整；而且因为结构是自主性的，所以我们就要说到自身调节作用（第 12 节刚举

过自身调节的例子)。这样,我们又回到了功能作用的必然性上。如果事实强制地把结构赋予主体,我们就完全可以给主体下个定义:主体是功能作用的中心。

但是,为什么要有这样一个中心呢?如果说结构是存在的,而且甚至每一个结构都包含着自身调节作用,那么,把主体看成是功能作用的中心,是否又等于简单地把主体归结为只起舞台的作用呢?这正是我们责备于格式塔理论的(第11节)。人们是否又被拉回到了没有主体的结构,像某些现代结构主义者所梦想的那样呢?如果说结构仍然是静止的,那么,不言而喻,当然就会是这样。但是,如果各结构之间意外地开始建立起联系,而且不是用在封闭的"单子"之间的先天的和谐来建立的联系,于是,起联系作用的器官就无可争议地又成了主体,而且只有在两种意义下有可能:或

60 者,主体就成为先验论中超经验的自我的"种种结构的结构",或更简单地说,就是心理学的综合理论中的"自我"〔参阅让内的第一本书,书名《心理自动机制》(*L'automatisme psychologique*),他的动力论已经引导他在功能和心理发生学的方向方面超越了这些机制〕;或者,主体没有这样一种能力,而且在没有建立这些结构以前并不具有这些结构,那就应该更加谦虚地、也更加适合现实地来说明主体的特性,把主体只看成是一个功能作用的中心。

现在时间到了,我们记得,数学家的结构主义研究事实上已经回答了这个问题,并且跟心理发生学的分析竟有惊人的一致(虽则他们并没有想到过这些):即是,在所有整体的整体等含义上的"所有结构的结构",是不存在的;不仅因为有已知的矛盾,而且还有更深刻的原因,就是形式化的限制(这种限制我们在第8节中已经归

之于形式和内容的相对性，我们现在看到它还在起作用，而且这实际也一样，这些相对性是取决于反映抽象的各种条件的）。换句话说，结构的形式化，本身就是一种构造过程，当这些结构在具体方面逐渐展开的平衡作用产生心理发生学上的衍生分支关系时，这种构造过程就在抽象方面引导人们建立起结构的系谱学来（例如，从函数到群集，又从群集到有四个转换关系的群，并且到各种网）。

在第 12 节里所提到的构造过程中，导致结构形成的主要功能
（生物学意义上的功能）是“同化作用”的功能，我们用它来代替在 61
非结构主义理论的原子论图式中的“联想”的功能。事实上，同化作用是能产生某些图式的，并由此产生结构。从生物学的观点看，有机体在同环境中的物体或能量所发生的每一个相互作用里，就在顺应环境的同时把物体或能量与自身的结构加以同化，同化作用是使有机体的种种形式具有恒久性和连续性的因素。在行为的领域中，一个动作有重复的倾向（再生同化作用），从而产生一种图式，它有把有机体自己起作用所需要的新旧客体整合于自身的倾向（认知同化作用和统括同化作用）。因此同化作用是不断地建立关系和产生对应以及“应用”（或“贴合”）等的源泉。在概念性表象的层次上，同化作用终于产生了这些普遍性图式，即各种结构。但是，同化作用并不就是结构：因为同化作用只是产生结构的种种构造过程的一个功能方面，它在每个特殊情况中都介入进来，但是迟早要导致产生相互性的同化作用，也就是使种种结构相互之间联结得日益紧密的各种联系。

在我们结束这第 12 节和第 13 节之前，不能不提到这样一个事实：并不是所有的作者都赞同这样一种结构主义的，尤其在美国

是如此。例如勃鲁纳(J. Bruner)就既不认为有结构,甚至也不认为有运算,因为在勃鲁纳看来,结构和运算都沾染上了“逻辑主义”的毛病,并不能表达真正的心理事实本身。然而,他相信主体有动作和“战略”(stratégies)(指决策理论的含义):那么怎么能认为动作不能内化为运算呢?怎么能认为“战略”是孤立的而不是相互协调成为系统的呢?另一方面,他想要在表象的不同模式之间的冲突中去寻求主体认识进步的源泉:言语、意象和动作本身的图式。可是,如果说所有这些模式中的任何一个都只提供了一个关于现
62 实的不完全的、有时还是变形了的幻象,那么主体怎么能使这些模式调和呢?除非他或者去参考现实的摹本,但这是不能实现的,因为摹本不是单一指称的(而且为了摹写现实,就得要通过这个摹本本身以外的办法来认识这个现实);或者就只好去参考作为一切可以使用的工具的协调的种种结构了。不过,言语本身难道最终不会起到这种构造者的特殊作用吗?乔姆斯基的结构主义难道不可能用来使这一章里讨论的问题简单化吗?这就是我们现在应该要去衡量的事了。

第五章　语言学的结构主义 63

14. **共时性结构主义**　言语表达是一种集体制度。言语的规则是个人必须遵守的。自从有了人，言语就一代一代地以强制性方式传递下来。现代言语的种种不同形式(或称为语言*)就是由先前的形式演变而来的；先前的形式又是从更原始的形式流传下来的。言语就是这样从未间断地从唯一来源或多种始初形式而来。另一方面，每一个词指一个概念，它是词的意义。最坚决的反精神主义者们，例如布龙菲尔德(Bloomfield)，甚至主张概念的性质要全部归结为词的这个意义(更确切一些，布龙菲尔德说过，概念是不存在的：除了词的意义之外，概念就什么也不是。这实际照样是赋予概念以存在和为概念下定义的一种方式)。而[illegible]法和语义学都包括了一整套的规则；当要把个人的思想表达给别人或自己进行内心表达时，个人的思维必须服从这些规则。

总而言之，言语是不受个人决定影响的具有数千年传统的传输者，又是任何人进行思维所必不可少的工具。言语在人类的现 64
实生活中构成了一个情况特殊的范畴。所以，由于它的年代(远在

---

* 语言学中一向把“言语(表达)”同“语言”加以区别。本书译文根据原文也依从这一习惯。可参见商务《语言学名词解释》(北京大学语言学教研室编)，1962 年。

科学出现的年代之前)、它的普遍性和它的权力,言语很自然地被看作是有特殊重要性的结构的源泉了。在谈语言学家所理解的那些言语的结构之前,首先让我们回忆一下,有一整个认识论的学派,即逻辑实证主义学派,他们把逻辑和数学看成是构成一种普通句法学和普通语义学的东西;根据这样一种看法,我们在第二章里所描写的那些结构,就只是些语言学的结构了。相反,我们已经把这些结构看作是一种从动作的普遍协调出发的通过构造过程和反映抽象而得来的产物:从这第二种看法来看,这样的普遍协调可以被应用到一切上去,在交际和交换的动作的协调中也会同样地看到,因而在言语中也会看到。在这种情况下,语言学结构就同样地值得感兴趣了;但是语言学结构和与所指意义有关的结构两者之间的关系,则是另外一回事。不管结论如何,语言学结构和逻辑结构之间的关系问题,对于一般结构主义来说,是一个根本性问题。

狭义的语言学结构主义的产生,开始于索绪尔;他证明语言的过程并不能归结为语言的历时性研究,例如一个词的历史,时常离说明这个词现在的意思相差很远。其原因是除了历史之外,还有一个“体系”的问题(索绪尔没有用过结构这个术语),而这样一个
65 体系主要是由对于这个体系的种种成分都发生影响的平衡规律组成的,在历史的每一个时刻,这些规律都取决于语言的共时性。事实上,在语言中起作用的基本关系,乃是符号和意义之间的对应关系。种种意义合成的整体,自然地形成一个以区别和对立关系为基础的系统,因为这些意义相互之间是有联系的;而且还形成一个共时性的系统,因为这些意义之间是相互依存的关系。

可是,这种最初的结构主义固然主要地是共时性的(与十九世

纪比较语法的历时性观点相反，而且也与哈里斯[Harris]以及最近乔姆斯基的结构主义转换语法的见解相对立），但因为有好些作者，即使不是语言学家，他们也从索绪尔的影响中汲取了他所主张的结构与历史无关的观念，所以就有三类理由，应该认真地对这种共时性的结构主义加以权衡。这些理由中的第一类理由是非常一般的，它关系到认为平衡规律相对于发展规律而言有相对独立性这种看法：在这一点上，索绪尔从经济学上得到了一部分启发。在他那个时代，经济学主要着重在平衡规律的研究（继瓦尔拉[Walras]之后是帕累托[Pareto]），而且事实上在经济领域里，危机能够引起一个与价值历史无关的价值的完全大改变（1968 年的烟草价格取决于当时市场的相互作用，而不取决于 1939 年或 1914 年的价格）。这种考虑本来也有可能会从生物学本身引出来，因为，一个器官可以改变功能，或者同一功能可以由不同的器官承担。

第二类理由（从事实上说，也许可以说是第一类）是要摆脱从 66
语言学的外面来的种种因素的愿望，只研究本体系的内在性质。

但是索绪尔结构主义的共时性特性的第三类理由，是和语言学所特有的一种情况有关的。索绪尔对于这一情况曾经以非常系统化的严密性一再强调过：这就是语言符号的任意性。语言符号是约定俗成的，与它的意义不具有内在联系，因而它的意义也是不稳定的。所以，这就是这样一个原理：按照这个原理，表义符号在它的发音性质中并没有任何一定能唤起被它表义的价值*或内容

* 英译本注："价值"一词是索绪尔的术语，出自《普通语言学教程》（*Cours de Linguistique Générale*）。这对于第 18 节里皮亚杰的论证是一个支持。

的地方。这一符号任意性的肯定意见，已经由于耶斯柏森(Jespersen)而减轻分量了；最近雅各布逊(Jakobson)又提出了疑问。可是，索绪尔早已预先用他自己区分“根本任意性”和“相对任意性”的做法，对这些反对意见作出了回答；大体上说来，指明一个概念的词同它的概念之间的关系，要比这个概念与它的定义或内容之间的关系来说少一些，这是无可怀疑的。固然语言符号有时伴同有象征性(用索绪尔关于在“象征者”和“被象征者”之间的符号形式内容关系或相似关系的含义)，并且像班维尼斯特(Benveniste)所说的对于说话人本人来说，词似乎并没有任何任意性(年幼儿童甚至认为事物的名字是实实在在地属于那个事物的：如人们在看到了山而还没有发现它的名字之前，一座山就总已经先有它的名字了！)，但不言而喻，语言的多种多样本身，正好就证明了语言符号有约定俗成的性质。不仅如此，符号永远是社会性的(在习惯上明确地或不明确地约定俗成的)；可是象征则如同在象
67 征性游戏或在梦里一样，可以是起源于个人*。

然则，果真这样，那就很明显，语言学中的这种共时性与历时性的关系，只能与这两者在其它领域中的关系的情况不同；因为在别的领域中，结构不是表达手段的结构，而是其意义被表达的事物本身(相对于表达意义者而言)的结构，也就是种种现实的结构，这些现实本身，就包含有它们的价值和正常的能力。特别是一个常模本身，因为是有强制性的，也就是说要用这种强制性来保持它的

* 参见第六章第19节关于“符号”和“象征”的页下注；或汉译《儿童心理学》(商务)第45页(该书把“符号”译为“信号”)，皮亚杰把象征和符号看作同一意义形成过程的两极，象征是个人自己所创造，而符号则是社会性的。(见本书页边码第97页。)

价值，它现在的平衡就要取决于它的历史，因为这个发展的有区别性的特点，正好是要导向这样一种平衡[①](参看第 12 节)。可是一个词的历史可以就是它的意义的一系列改变的历史，而这些意义的改变之间除了必须满足这个词所处的那些一个个接着来的共时性系统表达的需要之外，没有其它关系。所以规范性质的结构和约定俗成的结构从共时性和历时性的关系上来说，是处于两种截然对立的情况。至于价值结构，则像在经济学里那样，它们处于一种中间地位：若从生产资料发展的情况看，它们是与历时性相联系的；若从价值本身的相互作用来说，则它们主要地与共时性相联系。

就在布龙菲尔德和他的合作者们发展一种主要是描写性的、建立在分布法上的分类性语言学从而延伸了索绪尔的共时性结构主义的时候，这种共时性结构主义从音位学的研究中找到了一些
新的形式。直到那时候，“对立”的作用(一个类中的两分法)主要 68
只涉及到表意义者和被表意义者之间的关系；而到了特鲁别茨柯依(Troubetzkoy)时，一个音位对立的体系被建立起来了，音素按照对立关系去定义；这个结构主义，还因雅各布逊的成分分化系统而变得更加精细。从叶尔姆斯列夫(Hjelmslev)到布朗达尔(V. Bröndal)和托叶比(Togeby)(且不谈特里尔〔Trier〕的“语义场”)的语符学*，结构变成了“内部相互依赖的自主实体”，而如果在

① 这时候平衡是建立在增加着的可逆性上的；然而在语言学上则更多地是指对立关系，但并不排除那些尚未认识清楚的集体自动调整机制。

* 语符学(la glossématique)，按照叶尔姆斯列夫的意见，指严格按照语言结构里的功能来确定语言单位的研究。

"任何话语过程的背后，人们都应该找得到一个系统"，那么一个过程就只是一个系统向另一个系统的过渡，这个过渡不是形成过程，而是由第二个系统靠纯粹是共时性的相互作用获得的优越性造成的。叶尔姆斯列夫所用的词汇有些难以理解，以致难以对他的观念加以讨论；但是我们仍然要指出，在我们还要加以讨论（第16节）的语言和逻辑的关系方面，他曾提出过可能构成它们共同来源的一种"底层逻辑"的假说。不过，他的结构主义并不因此就主要地不是静态的结构主义；因为，它的重点是放在"相互依赖关系"上面，而不是放在转换作用上。

15. 转换结构主义；个体发生论和种系发生论之间的关系

尽管有强有力的理由把语言学结构主义同共时性的考虑联系起来，人们还是怀着强烈的兴趣看到，从哈里斯起，尤其到了乔姆斯基，语言学结构主义当前的形式在句法结构的范围内，采取了明显是生成语法的方向；这种语言学"生成"关系的研究，合乎情理地伴随有对于转换规律进行形式化的努力；此外，我们还要指出，这些转换规律具有一种"过滤"性的调节能力，能够淘汰某些造得不好的结构。从这种看法出发，语言学的"结构"到达了最一般性的结构的行列，具有种种整体性的规律，这些规律是转换规律而不是描写性的静态的规律，而且它们具有从这一组成关系的种种性质而来的自身调整作用。

69 这种看法上的重要改变，其推动力有两类，对各种结构主义进行比较研究（不单是研究结构本身）值得对之加以分析，因为它们都包含了一种我们可以毫不夸大地称之为跨学科联系的态度。第一类推动力来自对言语的创造性方面的观察。哈里斯和阿勒(M. Halle)都做过这种观察，但言语的创造性主要表现在话语(与语言相对而言)的领域里面，也就是在心理语言学的领域里面。事实上，语言学在对心理学采取怀疑态度几十年之后，心理语言学又重新建起了桥梁，乔姆斯基就直接对此非常感兴趣："在现在研究的种种主要问题的中心，就是我们可以称之为在日常使用水平上的言语的**创造性方面**……一切发生的事情，都似乎是：说话人在他表达过程中逐渐在某种程度上创造出他的语言，或是在倾听周围人讲话的过程中逐渐重新发现了语言，就这样，说话人把一个前后一贯的规则体系即**生成**〔语法〕**法典**(着重点是我们加的)同化吸收到他自己的思维本体里去，这个生成法典又反过来确定实际表达或听到的一个有无限数句子的整体的语义学解释。换句话说，就好像说话人支配着一部他本族语的'生成语法'。"①

在对"生成语法"转换规律进行研究中，使乔姆斯基得到启发的第二个主要动力，要更加难于理解，因为初看起来，那似乎是导向彻底的固定论而正好不是走向发生论和转换的概念的：这就是 70
这种语法植根在理性之中，并且是植根在某种"天赋"的理性之中

① 乔姆斯基著："试论语言学理论中的几个常见问题"(De quelques constantes de la théorie linguistique)，载 *Diogène*，1965，n°51，p. 14。〔译者按：*Diogène* 期刊以英、法文同时出版，但两种版本有时有相当距离。英译本译者引用了英语原文，原题为"Persistent Topics in Linguistic Theory"，*Diogenes* No. 51(Fall 1965)，p. 13。兹照译于下："许多现有研究的一个中心题目，就是我们可以称之为语言运用的**创造性方面**，亦即它们解脱束缚和不受刺激控制的自由。对于说话—听话人而言，说他们语言的正常使用是'具有创造性的'，其意义就是指他们已经把能决定一套无限数的句子的语义学解释的一套规则系统内化了；换句话说，他必须能控制现在人们常说的他本族语的一套**生成语法**。"引文在这里是为了说明创造性，两者在基本上是一致的。〕

的思想。乔姆斯基在这条道路上走得很远，在他最近的著作《笛卡尔派语言学》(*Cartesian Linguistics*)里，他在分析言语与“精神”的关系时，甚至引阿尔诺(Arnauld)和朗斯洛(Lancelot)(《波尔·罗瓦雅尔的理性普通语法》〔*La Grammaire générale et raisonnée de Port-Royal*〕)以及笛卡尔本人为远祖。事实上，允许建立种种派生句的转换规则，是从稳定的核心句里抽绎出这些派生句来的，乔姆斯基正是参考了这些核心句才把它们和逻辑联系起来的(例如，主语和谓语[*]的关系)。但是，这并不妨碍这种新的立场(关于这个问题乔姆斯基曾说过：“这种立场又把我们重新引向……一种古老的思想传统，而不是在语言学和心理学的领域中构成一种彻底的创新”)[1]成为对逻辑实证主义而言是一种完全意义上的“逆向”：由布龙菲尔德热忱地继承的逻辑实证主义，企图把数学和逻辑学归结到语言学上去，把整个心理生活归结到话语上面去；而最新的语言学则是从逻辑学中派生出语法学来，把言语从被理性定向的心理生活中派生出来……

这种逆向关系在方法论的范围内也同样是相当清楚的。巴赫(E. Bach)在一篇有趣的论文里，文风谦恭，精神公正，对逻辑实证主义和从它产生的语言学方法进行了尖锐的批评[2]，对乔姆斯基
71 结构主义的认识论前提做了深入的分析。按照巴赫的观点，美国

* 在逻辑上译为主词和宾词。

① 见前注引文的第 21 页。

② 巴赫(Emmon Bach)：“结构语言学和科学哲学”(“Linguistique structurelle et philosophie des sciences”)，载 *Diogène*，1965，n°51，第 117-136 页；英文版“Structural Linguistics and the Philosophy of Science”，载 *Diogenes*，No. 51(Fall 1965)，第 111-127 页。

语言学从 1925 年至 1957 年做出的值得注意的努力，是以培根的方法论为特征的：用归纳法积累事实，事后才把或多或少地颇有联系的不同水平的各个领域（语音学、句法学等）组成一个金字塔，对种种假设采取怀疑态度，总之对观念不信任，从“原型句”中去寻找“基础”，等等。巴赫把乔姆斯基的方法放在开普勒（Kepler）的门庭之下来反对培根；乔姆斯基的方法，相反地认为这样的“基础”是不存在的，而且认为科学需要假设（而且甚至是波普尔[*]所说过的那种假设：即最好的假设是最少有可能的假设，这些假设虽则“有不真实的可能”，却可以排除最大数目的结论）。结果是：乔姆斯基不去寻找能够用归纳法手段即一步步地达到种种特殊语言以及一般言语的各种属性，而是去想，什么才是能说明各种语言的共同结构并按照不同的特殊语言使这个结构分化所必需而又充分的语法理论的那些公设。事实上，乔姆斯基就是通过数理逻辑的形式化（建立在运算规则系统、递归功能、生成法典，尤其是以顺序和运算结合律为基础而得来的初级“单子”结构上面）、普通语言学（主要建立在作为创造性组成成分的句法的基础上）和心理语言学（说话人关于他自己的母语具有的不明说的知识）这三者的混合，最后达到他的语言学结构学说的。

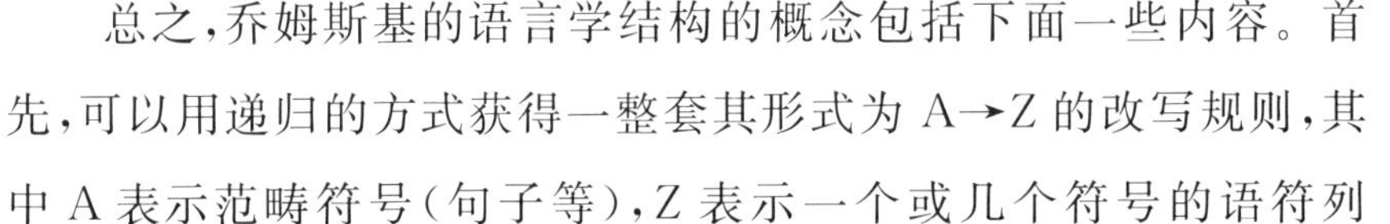

总之，乔姆斯基的语言学结构的概念包括下面一些内容。首先，可以用递归的方式获得一整套其形式为 A→Z 的改写规则，其 72
中 A 表示范畴符号（句子等），Z 表示一个或几个符号的语符列

* 英译本注：参看《科学发现的逻辑》（*The Logic of Scientific Discovery*），New York，Basic Books，Inc.，1959。

（包括新的范畴符号或终端符号）。把转换运算应用到非终端符号的语符列上去，我们就得到了派生的语句，这些转换规则的总体就组成了生成语法，这种语法“能够马上在义符和音素之间的无穷尽的可能组合里建立起联系”。[①]

这是一个真正的结构主义的程序，因为这个程序抽象出了一个严密的转换系统（形成了多少有些复杂的“网”）；它成了比较语言学研究者的极好的工具，而且这个程序还有这样一个巨大好处：既可应用在作为说话或听话人内化了的个人的语法能力上面，又可以运用在作为一种制度的语言上面。相当数量的心理语言学家，例如埃尔文（S. Ervin）和米勒（W. Miller），布朗（R. Brown）和贝吕吉（V. Bellugi），曾重构了“儿童语法”，那是很独特而且与成人语法相差很远的。乔姆斯基的结构主义在发生学上的这些应用值得认真地加以注意：首先，从惠特尼（Dwight Whitney）（在 1867 和 1874 年）、涂尔干和索绪尔（受前面两位的影响）开始，要在作为社会制度的语言和个人话语之间造成对立，把话语和用话语表达的全部个人的思维看成好像只是在集体的框框里模铸出来的，乔姆斯基学说的这些应用已经明显地把这种对立缓和了；其次，因为
73 对个体发生作用地位的这种考虑，是与当前人们在各种非常不同的学科中可以注意到的一种倾向相符的：个体发生即使是属于种系发生或社会发展的范畴之内，它在这些范畴内也还总是

---

① 前注乔姆斯基 1965 年文章第 21 页。〔英译本注：这句话引自前述法文版 *Diogène* 中。皮亚杰在说明“句法结构”时高度简括，因而使在“短语结构规则”（phrase structure rules）、“转换规则”（transformation rules）和“词形－语音规则”（morphophonémic rules）之间的区别就不占显著地位了。〕

反过来使这些范畴也发生改变[①]，这就像瓦廷顿所设想的生物学，而且如果允许我们作这样对比的话，也在许多方面像发生认识论。

这种在个体发生学和语言学结构主义之间的可能的联系，今天甚至在从前难以想象的领域里也可以看到；这里指的是在感情和无意识象征作用的领域。真的，很久以前，巴利(Ch. Bally)就已经从事他称之为“感情言语”的研究了，这种言语的功能是加强日常言语表达中连续不断地被用滥了的表达力的，但是巴利的“文体论”主要是指出了语言的规范结构在感情言语表达中的分解现象。相反，我们却可以问自己：感情是否就没有它自己的言语表达呢？这是弗洛伊德，在布劳伊勒(Bleuler)和荣格(Jung)的影响之下，想用掩饰作用来解释象征作用之后，终于来为之进行辩护的假设。不过，荣格在象征中看到的是遗传的“古老原型”(archétypes)，而弗洛伊德则合乎道理地从个人的个体发生中去找寻象征的来源。于是，我们这里似乎是处在与语言学并无直接关系的领域里了，虽然这个领域对于符号功能和普通符号学来说，显而易见是很重要的。可是不然，拉康(J. Lacan)最近第一个发觉，任何心理分析都是要通过言语表达的。当然，这里有分析者的言语，但是在正常情况下分析者说话很少；主要是被分析者的言语，因为对被分析者来说，心理分析过程主要就在于把个人无意识的象征符号翻译成社会化的有意识的言语。以这一新观念为中心，拉康从语言学结构

① 如果每个成年人平均可以活到300岁，如果各代人之间的距离大大地扩大了，那么各种语言，即使是最“文明的”语言，它们是否会和现在相同呢？

主义和已知数学模式得到启发，力求抽绎出一些新的转换结构，来实现这种似乎没有可能的企图：把无意识界的非理性的东西和内
74 心象征的无法表达的东西，纳入到在正常情况下用以表达可言传事物的言语模子中去。这是一个尝试，这种尝试的想法本身肯定是有价值的。但是，在其结果还没有被“门外汉们”按照这些心理分析学小教派所赋予的意义来理解清楚之前，要来分析这些结果是困难的（因为，固然要懂得一点人家所说事实的知识的意思，但是，一项真理之成为真理，却只有在摆脱了产生它的方面的那些影响，才能为人所理解）。

16. **语言结构的社会形成、天赋性质或平衡作用** 构成乔姆斯基的特征的是发生论和笛卡尔主义这样有趣的混合，这使得他必须要为这一当代语言学家所意想不到的意见去辩护。这个意见把笛卡尔的“天赋观念”和遗传性联系起来了；而按照某些生物学家的意见，几乎全部的心理生活都应该用这种遗传性来解释：“如果确实真的各种自然言语的语法不但复杂而且抽象，而且语法的不同种类又非常有限，特别在最高度抽象的水平上说是如此，那么，通常人们似乎都把这些语法看成依语法这名词可以接受的意义而言是文化的成果，这种看法是否正确就又成为问题了。非常有可能，一种语法是从某个*天赋的固定图式*（着重点是我们加的）经过简单分化获得的，而不是由逐步积累材料、语列、语链和新的组合而获得的……，而且一般说来，只要我们稍懂得一点言语结构，就会相信理性主义的假设有最大机会被人看到富有成果，而且

大体上看完全是正确的”(前引文章法文版第 20-21 页)。*

因此,我们正面对着在大多数作者那里存在而未表现出来的一个假设,因为他们的结构主义倾向促使他们怀疑任何心理发生 75 论和任何历史决定主义,但又并不因此就赞成把结构推到超经验的本质上去。乔姆斯基既有实验感,又有形式化感,他的立场要有分寸得多,因为各个个别语法按照在发展过程中起作用的转换过程而分化:于是天赋的那部分就是核心,即“固定图式”以及转换的普遍性形式结构,而它们的变异性则属于他和哈里斯在言语行为中所着重指出的“创造性”方面。但是,我们仍然面临着一个基本问题,即关于“天赋的固定图式”的问题,这个问题还要从不同方面去进行考察。

首先是生物学方面的问题。如果有任何一个特性被认为有遗传性,那就要说明它是如何形成的。要理解大脑皮层的言语中心在人类进化的过程中是怎样出现的,这已经是一个使人相当困惑的问题了:用突变和自然选择来解释是不够的,尤其因为涉及的是一种主要是与生俱来的关于个人之间交际的活动。如果要使负责言语表达的基因在遗传上不仅担负起传递从外界获得发音言语表达的**能力**,而且还要有一个固定的有形成作用的图式,从而产生语言本身,问题自然就变得更加复杂了。而且,如果这种起形成作用的核心另外还要把“理性”担负起来,因而还应该承认理性也是遗传的,于是就只有两个合理的答案了(因为,让我们坚持这一点,简单地谈突变和选择,而又没有一点客观材料为依据,这就像贝达朗

* 英文版在第 19 页,细节稍有不同。

非所说的是向“西藏的祷告木铎”去求援似的了)：或者说是一直有的预成作用(可是为了使预成形式表现出来，为什么非要等到人的出现呢？黑猩猩或蜜蜂不是已经很令人有好感了吗?)；或者说是与环境的相互作用，这种相互作用使得选择加在成为基因团对于外界刺激作用的“反应”的表现型的反应上。*

76 不过，当我们涉及到个体发生学的领域，其中的后天获得的品质和转换作用的细节都是可以证实的，我们却面临着这样的事实：它们固然与乔姆斯基的假设有一些确定的关系，然而从遗传出发点的重要性或幅度来看，却是有所不同的(参看第 12 和第 13 节)。道理无疑简单地就是，在乔姆斯基看到有一种两可选择——或者是一种必须接受的天赋图式；或者是从外界获得，主要是文化方面的获得，但是有种种变化，并且不能解释所讨论中的图式何以有限制性和必然性——的地方，实际上有三种解答可供选择，而不只是有两种：当然有先天遗传或后天从外界来的获得，可是也有内部平衡作用的种种过程或自身调节作用。然而，这些过程像遗传一样会导致一些必然的结果，从某种观点上看甚至还更加有必然性，因为遗传的变异在内容方面，远比表现在任何行为中的自身调整作用的普遍性组织规律的变异来得多。特别是遗传只能建立在可以照原样地传下来或不能传下来的内容上，而自身调节作用则强制规定一个与构造过程可以相容的方向，这个构造过程正因为是被指定了方向的，就变得是必然的了。

---

* 这种情况，就是第 10 节后半部分谈的瓦廷顿所说以环境为一方、遗传综合体为另一方的表现型形成的情况。所以英译本直接把这一段译为：“或者是瓦廷顿关于基因团和环境之间相互作用理论的某种副本。”这样意思就更明显了。

而在语言学结构的情况下，有两类考虑对于上面这种解释是
有利的，这些考虑似乎使天赋的假设成为不必要的，但同时又保存
了乔姆斯基的全部解释体系：这就是，一方面，关于转换语法建立
控制论模式的希望，另一方面，对于在发育的第二年过程里使言语 77
获得成为可能的先决条件，做心理发生学的分析。

关于第一点，应该提到莫斯科科学院绍米扬（S. Šaumjan）的研究工作，他企图把起作用的转换纳入一个以“联系成分”（relateurs）为基础的“转换场”，“联系成分”会提供有自动综合作用的运算系统[1]，人们可以大大地寄希望于这种分析，以求能够抽绎出这种运算系统的必要条件和充分条件，或者反过来指出这个转换场的局限性。可是，即使是它的局限性，对于我们讨论的问题来说也是有教益的，因为如果真的像巴·希来尔（Bar Hillel）[2]所设想的那样，各种语法形式系统并不包含完全的决定程序，在逻辑领域中形式化的限度（参看第 8 节）所带来的结果在这里也像在别处一样，会强制规定出分阶段的构造过程的必要性，并且会排除从出发点上就预先包含一切的概念。

可是，从实验资料的观点来看，而不再是从形式化的观点或从

① 参见 *Diogène*，1965，n°51，第 151 页。〔据英译本注：绍米扬（Šaumjan）著“控制论和言语”（Cybernetics and Language），载 *Diogenes*，No. 51（Fall 1965），第 142 页以下。作者把自己的生成语法跟乔姆斯基的生成语法加以比较，这样说：“在应用生成模式时，最初的概念是转换场的概念，而不是……转换的本身。这个场是指的一个特殊的运算系统，我把它叫作‘联系成分’（relators）……，转换概念……只代表转换场的一个成分……就像音位学是从音素理论转变为音位学对立关系理论一样……转换语法也必须从转换理论变为转换场理论……”〕

② 参见“自然言语的决定程序”（Decision procedure in natural language），载 *Logique et analyse*，1959。

转换信息的控制论机器的观点来看，发育到第二年时言语相对地出现较迟的这个事实，似乎正好是叫人必须接受这样一种构造论。的确，为什么恰好到这个发育阶段而不是更早熟地出现言语呢？用条件反射来解释是太容易了；假如这样解释是正确的话，那习得言语从第二个月就会开始了；但是与条件反射的解释相反，言语要以感知-运动性智力本身预先形成为前提，这就证明了乔姆斯基关
78 于必须有与理性有关的基础*的思想。但是这种智力本身并不是一开始就预先形成的，我们能够一步步地看着这种智力怎样地从同化图式的逐步协调里得来。因此，这就使得辛克莱（H. Sinclair）——关于她的研究我们等一下再谈——认识到要在感知-运动阶段图式的协调所固有的重复、排次序和结合律联系（用这个词的逻辑含义）的种种过程里，去探求乔姆斯基的“单子”的来源。如果这个假设能够被证实，那么我们将得到一个基本的语言学结构的可能解释，而免掉非常笨拙的“天赋”观念了。

17. **语言学结构与逻辑学结构** 现在，我们可以回头来考虑我们出发时的问题了。这个问题仍然是结构主义或普通科学认识论上最有争论的问题之一，对于这个问题进行严肃的解决应该要做好各种仔细的考虑。甚至在苏联，在那里几年前就认为把言语作为“第二信号系统”的巴甫洛夫学说概念似乎已经解决了所有问题了，而就在这样一个文化中心里的一位语言学家如绍米扬，对于言语和思维的关系问题，也宣称这是“当前哲学上所提出来的最深

---

* 即语言底层。

奥最困难的问题之一”。在这里，我们的目的并不是要在几行字里来讨论这个普遍问题，而只是从结构主义的观点出发，考虑到在语言学结构的研究中已经取得的进步，简单地指出问题所处的地位。

不过，一开始要重新提一下两个重要的事实。第一个重要事实是，从索绪尔和其他一些人开始，人们已经懂得，语言符号只构成符号功能的一个方面，而其实语言学只是索绪尔想要用“普通符号学”的名字建立的这个学科之中有特殊重要性但毕竟是有限的 79
一部分。然而象征性或符号性功能，除言语之外，还包括了以表象形式进行的模仿（延迟模仿等出现在感知-运动时期的末期，无疑保证了感知-运动阶段与表象阶段之间的联系）、姿态的模拟、象征性游戏、心理表象等等，人们经常忘了表象作用和思维（且不说真正所谓的逻辑结构）的发展是同这个普通符号功能相联系的，不是仅仅和言语有联系。就因为这样，不带脑损伤的年幼聋哑人是能够掌握象征性游戏（或幻想）、手势言语等等的（相反，有脑损伤的年幼聋哑人则没有符号功能）。在像奥莱隆（P. Oléron）、弗里（H. Furth）[①]、樊尚（M. Vincent）、艾福尔脱（F. Affolter）等人那样研究他们的逻辑运算（序列、分类、守恒等）时，我们就看到这些逻辑结构在发展中，有时有某些延迟，但比起哈脱维尔（Y. Hatwell）所研究的先天盲人儿童来，要不明显得多。后者的言语是正常的，但他们的言语只是很晚才补偿了感知-运动图式的顺应作用的缺乏；而

① 弗思的值得注意的著作《没有言语的思维》(*Thought without language*)，1965年，使用的技术巧妙，有大量的证明，在这方面是特别有教益的。

在聋哑儿童身上，言语的缺乏却并不排除运算结构的发展，比正常儿童平均延迟一到两年，这可以归之于缺乏社会刺激的缘故。

所要提到的第二个重要事实，是智慧先于言语。这不仅如我们在第16节里看到的和像在聋哑儿童的例子中所证实了的从个体发生学上看是如此，而且从种系发生学上看，例如对高等猿猴的智力所做的许多研究工作，也证明了这一点。然而，感知运动性的智力已经包括了某些来自动作的普遍协调的结构（如次序、图式的嵌套包含关系、各种对应关系等），所以要排除把原因归于言语。

从以上的论述中可以明显地看出，固然言语是从部分地有了
80 结构的智力中产生的，而言语也会反过来构成智慧，于是真正的问题从这里就开始了，当然我们不能说这些问题是已经解决了的。但是，我们可以采取两种方法来研究：第一种是转换分析，可以在心理语言学中研究句法学习（例如布雷纳），第二种是运算分析，可以对逻辑结构的学习进行实验（如英海尔德、辛克莱、博韦）。在某些特定的点上，我们已经有可能对上述两类结构之间的几种相互关系加以分析，而且还能察觉到它们之间的相互作用所达到的程度，以及在语言结构或逻辑结构之中哪一些似乎导致了别的结构的构成。

就是这样，辛克莱在一本新的精确实验的文集[①]里陈述了以下一些成果。例如，她首先用把一定量的液体移注到不同形状的

① 辛克莱（H. Sinclair de Zwaart）著《言语的获得和思想发展》（*Acquisition du langage et développement de la pensée*），Dunod，1967。

大口瓶里的办法，用有能力或没有能力推断出量的守恒作为分别运算水平的判别标准来进行选择，把儿童组成两组：第一小组由明显地是前运算期的儿童组成，他们否认这种守恒，而第二小组受试儿童则马上就接受了这种守恒，还能用可逆性和补偿关系的论点来证明这种守恒性。另一方面，辛克莱并不参照这些守恒实验，而根据对于成对的物品或互相比较的两组物体进行描述的方法，来分析受试者的言语：如出示一支大铅笔和一支小铅笔，一支长而细的铅笔和一支短而粗的铅笔，一组4-5个小球和另一组两个小球，等等，于是给孩子这样的指示语："给我一支比较小的铅笔"，或"给我一支小一点细一点的铅笔"，等等。第一组儿童，几乎全用了些"标量"（语言学上的含义）语言，如"那只大，那只小"或"这儿很多"和"那儿不多"等等。反之，第二组受试儿童主要使用了"矢量"语言：如"这支比那支大些"，"那儿比这儿多些"，等等。另外，遇到有两种差别的情况时，第一组儿童一开始先忽略了其中的一种，或只用以下四句话来回答："那支大；那支小；那支（第一支）细；那支粗"；反之，第二组表现出了二元联系，他们这样说："那支长些细些，那支短些粗些"等等。总之，运算水平和语言水平之间有明显的相互关系，人们马上就能看出，第二组儿童的语言结构能够在哪些方面帮助他们的推理。可是，第一组儿童懂得高一级水平的表达方法，用命令执行的控制方法能够细致地加以证实。于是，辛克莱使第一组儿童进行语言学习，学习是艰难的，但还是有可能的。但是对这组儿童的守恒概念所作的新试验只取得了极小的进步，即在十个人之中大约有一个能回答得出来。

自然，这样的试验还应多多地去做。固然在具体运算的水平上(参看第 12 节),似乎是运算结构先于语言结构,并且带动了语言结构,接着后来运算结构却又要依靠语言结构;但是在命题运算水平上产生的情况,仍然要用类似的方法来检验才好。在这个水平上,儿童的言语改变得非常显著,同时儿童的推理变成是假设推论性的了。如果说,现在几乎很明显了,语言并不是逻辑的起源,又如果说乔姆斯基把语言依托在逻辑上也是有道理的,那么语言和逻辑之间相互作用的细节仍然是一个需要研究的天地,它刚开始被用仅有的一些实验和对应的形式化的方法研究过,它们所能提供给讨论的材料,要比得出的观念为多。

第六章　结构在社会研究中的利用 82

18. 整体性结构主义还是方法论结构主义

I. 如果说结构是一个转换体系，它含有作为整体的这个体系自己的规律和一些保证体系自身调节的规律，那么，一切有关社会研究的形式，不管它们多么不同，都是要导向结构主义的：因为社会性的整体或“子整体”，都从一开始就非作为整体来看不可；又因为这些整体是能动的，所以是转换的中枢；还因为这些整体的自我调节，能用社群所强加的各种类型的限制和种种标准或规则这样一个有特殊性的社会事实表现出来。但是，这种整体性结构主义比起真正的方法论上的结构主义来，至少有两个差别。

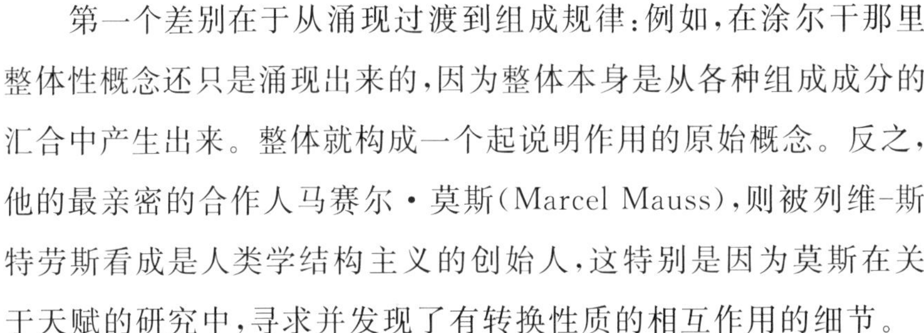

第一个差别在于从涌现过渡到组成规律：例如，在涂尔干那里整体性概念还只是涌现出来的，因为整体本身是从各种组成成分的汇合中产生出来。整体就构成一个起说明作用的原始概念。反之，他的最亲密的合作人马赛尔·莫斯（Marcel Mauss），则被列维-斯特劳斯看成是人类学结构主义的创始人，这特别是因为莫斯在关于天赋的研究中，寻求并发现了有转换性质的相互作用的细节。 83

第二个差别是从第一个差别中引出来的，整体性结构主义只限于把可以观察的联系或相互作用的体系，看作是自身满足的；而方法论结构主义的本质，乃是要到一个深层结构里去找出对这个经验性体系的解释，这个深层结构可以使人们对这个体系作出在某种程度上是演绎性的解释，而且要通过建构数理逻辑模型来重建这个深层结构。在这种情况下，而这是有根本性的，结构是不属于能观察到的“事实”范围之内的，尤其是对于所研究的那个社群中个别成员来说，结构仍然是处于“无意识”状态中的（列维-斯特劳斯经常强调这一方面）。在这上面，它们比起物理学结构主义和心理学结构主义来，有两点说明非常具有启发意义：一、和物理学中的因果关系一样，社会结构也应该用推演的方式重建，而不能作为经验性材料来看待，这就意味着，社会结构之与能观察的关系之间，其关系就如同在物理学中因果关系之与定律之间的关系；二、另方面，像在心理学里一样，结构不属于意识而属于行为，个体只是在适应不好的时候，才在不完全地意识到的情况下，获得关于结构的有限的认识。

我们从社会学和社会心理学开始来谈。这两个学科的界限是越来越模糊了（就像任何更多地取决于职业性的自主愿望而不是由事物的本质来决定的学科那样），人们可以从莱温身上看到一个典型例子，说明关于方法论结构主义所怀有的希望部分地得到的
84 实现以及它必然地具有的跨学科性质。莱温早先在柏林时是克勒的学生，很早就有把“格式塔”结构应用在研究社会关系方面的计划，为此他推广了“场”的概念。就在“格式塔”学派把感知场和更一般性地把认知场只作为同时领会的全部成分的整体（这个总体回路包括主体的神经系统，但如已在第 11 节中所看到的，它很少包括主体的内源活动）的时候，莱温却为分析感情关系和社会关系，提出包括主体和他的倾向和需要在内的“总体场”概念。可是，

这些倾向和需要不但是内在的，而且按照场的轮廓，特别是按照物体的“邻近”性，这个场会产生激发作用（指 Aufforderungscharakter），表现为场内的种种成分的全部相互作用。之后，莱温又从拓扑学得到启发，用邻接、分离、边界（包括“心理障碍”即种种抑制和禁阻）、包含、相交等术语来分析他的总体场：这种拓扑学，可惜数学意义不多，因为我们从中没有看到能不再应用于“总体场”的已知定理；但是在纯粹定性的空间分析连同它组成的中心直觉的意义上说，仍然可算得是拓扑学。在下一个阶段，莱温引进了矢量概念，这有用图形理论来描述场的整体性和达成网结构的双重优点。*

* 这段原文介绍莱温的分析时很不具体，难于理解。因此英译本参考了莱温著《一种人格动力学理论》(*A Dynamic Theory of Personality*, New York: McGraw-Hill, 1935)把这一段做了解释性的译述如下：“莱温为分析感情和社会关系，提出了包含个人主体以及他的一切需要和倾向在内的‘总体场’概念，这个‘总体场’概念在逻辑上的复杂性，来自倾向概念以及特别是需要概念，它们都不是能从以环境为参照点出发来下定义的，并且既不是物理的，又不是纯粹生物学性质的，而只能对环境做心理生物学的说明才足以具体使我们能预言或懂得人类主体的行为。这样，单是客体的物理存在就不能决定行为了。第一，只有作为具有‘需求价值’（Aufforderungscharakter）或‘价’的才能算进情境动力学中去。第二，它们的可接受性，不但依靠邻近或距离，而且还要依靠‘障碍因素’（其中许多是心理上的，如不同种类的抑制和禁阻）的有无，这些都要计算在内。因为环境事物的‘需求价值’和个人的‘需要’是互相有关的，只有某种场的概念才能适合于莱温的目的，又因为心理动力学的运动在极大程度上依靠在各‘亚区’（它们可以交切，互相分开，或互相包容）之间各种可能的联系而定，莱温试着用拓扑学术语去分析他的总体场，这就不奇怪了。不幸的是，心理学上的拓扑学不是真正数学性的，就是说，没有一条拓扑学定理是能直接给出心理动力学的解释来的；但是，一种有空间关系的纯粹是定性分析的基本拓扑学概念是可以得到应用的。莱温提出他的拓扑学分析是为了决定可能的‘活动’或‘途径’用的。为要说明主体的实际行为，必须引进力的概念，所以要‘矢量’。物理概念的这种利用，其巨大好处是可以用图解来作动力心理学的解释和暗示出网的结构。”

就是用纯粹的结构主义方法，莱温和他的学生（利皮特、怀特，和从柏林学派时期起的登博、霍佩，特别是蔡加尼克）创立了一种
85 感情社会心理学，在美国已经有了很大的发展，并且在“团体动力学”方面（在安亚伯*还始终存在着一个由卡特赖特主持下专门研究这个问题的研究所）是目前许多研究的主要来源之一。然而，这些研究形形色色，门类繁多，今天已经提供了一个完全建立在经验的基础上的良好分析范例，但是做因果关系的解释时，则有赖于建立结构模型，甚至还有一些研究小社群的（指社会中的团体而不是第5节中“群”的含义）的数学模型的专家，例如美国的卢斯（R. D. Luce）和法国的弗拉芒（Cl. Flament）。

这里我们很少谈到微观社会学**和社会（关系）测量学。因为，这两者或者按上文已经明确的性质属于可观察关系的特性这个意义上说是整体性的，即使这些关系增多而成为有“辩证”意义的多元论，这些关系却并不构成结构；或者它们依靠通常的统计方法来表示数量关系，而并不因此就达到了结构的高度。

II. 反之，宏观社会学自然就提出种种结构的大问题来了。我们将在第七章里来讨论阿尔都塞用结构主义解释马克思主义的情况，因为这就有一个要涉及到整个辩证法的问题。在这里，我们参考帕森斯（T. Parsons）的著作，再一次提出结构与功能的问题是适当的（第13节里已经涉及到这个问题），因为他用的是“结构-功
86 能”法。在英美，大凡谈到结构，涉及的总是可以观察到的关系和

* Ann Arbor，即美国密歇根大学所在地。

** 研究初级社会关系。

相互作用，这种倾向相当普遍；而事实上，得要指出，帕森斯已部分地跳出了这种经验的框框。因为他把结构定义为一个社会体系的各种成分的稳定布局，它不受外界强加于它的变动的影响。于是他就要明确阐明平衡的理论，甚至还委托他的一个合作者对他这个平衡理论加以形式化。至于功能，则被认为是在结构对外部环境进行适应时起作用的。

因此，在一个人们可以说是通过调节作用保持自己守恒性的总体“体系”里，结构和功能是不可分的。帕森斯主要提出的问题是要了解个人怎样能把共同价值整合进来。正是从这种看法出发，他提出了“社会作用”的理论，按照个人面对两可选择时是否服从集体的价值，来分析两可选择的不同类型。

莱维(M. J. Lévy)的著作和帕森斯的著作是一致的。莱维把结构归结为可以观察到的一致性，并把功能归结为结构通过时间的种种表现。但是，在共时性和历时性之间的这些关系，我们认为，按所说的是规范、价值(规范性的或自发性的)、广义上的象征或符号(参看第 14 节)而有所不同。反之，帕森斯在功能与价值之间所建立的联系，则无疑相当深刻：在一种社会背景中，结构尽管是无意识的，迟早也要表现为规范或规则，以或多或少稳定的方式强迫个人接受。可是，不管我们怎样相信结构有持久性(我们将在 87
第 19 节中讨论)，那些规则仍然可以有功能作用的改变，这从价值的变化上表现出来。可是价值就其本身来说是没有“结构”的，除非在这种情况下，即价值中的某些形式，如道德价值，要依靠某些规范时，才不是这样。于是价值似乎就成了某种不同尺度的标志，这就是功能的尺度；这样，价值和规范合在一起的二重性和相互依

赖性，似乎证明在区分结构与功能的同时，有把结构与功能联系起来的必要性。

III. 正是这个功能与结构的问题，对经济结构的问题有决定性作用。佩卢(F. Perroux)用“表示在时间和空间里有确定位置的一个经济整体的特性的那些比例和关系”来给结构下定义，他这个概念的限制性本身就表明与我们直到现在所讨论的种种结构是不相同的。然而，其所以这样的理由，并不是由于他似乎把自己限制在可以观察到的关系这个事实。廷伯根(J. Tinbergen)看到的经济结构是“对有关经济对某些变化做出反应的方式的不可直接观察到的特征所作的考虑”。在计量经济学中，这些特征用系数来表示，而且，“这些系数的整体提供了双重的信息”：一方面，这个系数的整体提供了这个经济的蓝图；另一方面，它确定对某些变化做出反应的途径。经济结构包含着一个功能作用，没有比这更好的说法了，因为经济结构是能够做出“反应”的：所以经济结构是与功能不能分的。

88 至于经济结构的性质，人们首先把它集中在平衡的分析上；可是，当主要问题变成经济周期动力学问题时，问题就已经在于使平衡概念在功能作用的意义上具有灵活性：马歇尔(Marshall)认为，解决这个问题就在于像物理学中那样用“平衡位移”的结构来扩大平衡结构；而凯恩斯则企图把持续时期用经济主体的预测和计算的形式纳入到现在之中。可是在这两种情况(还有别的经济学者的情况)之下，正像格兰格(G. G. Granger)所说的，平衡的结构概念就成了能解释经济周期的“算子”了。

况且，经济结构的特征不仅在于这种功能作用的优先性：无疑由于这个事实，结构还包括着一个主要是概率性的方面，结果是，结构的自身调整不是出于严密的运算，而是由于用倒摄作用（retroactions）和近似于反馈形式的预测所进行的调节。这个值得注意的结构构成的形式，既在经济主体的个人决定的层次（博弈论）上能够看到，同样在经济计量学对大经济整体进行分析的层次上也能看到。格兰格甚至竟说，博弈论表明要排除心理因素；如果人们想到的只是帕累托或博姆-巴韦克（Böhm-Bawerk）的比较粗略的心理学，那他就说对了。但是，当我们想起在一般行为中（而不是在意识中）——不仅在感情领域里（如让内指出的，感情领域表达出了行为的全部经济学），而且还在知觉和认识发展的领域里[①]——决定机制所起的作用时，我们相反就会在博弈论里看到， 89
在经济结构和主体的感情与认知调整作用之间，有比从前远为紧密的联结。

至于宏观经济学中，经济计量学所引出的具有反馈作用的巨大系统，它们太著名了，就不必多加讨论了。

IV. 与自发的价值成对照的是，建立在规范的基础之上的社会结构，却具有一种值得注意的在逻辑术语意义上的运算性质。每个人都知道凯尔森（H. Kelsen）把法律结构的特点看作是一些由规范组成的金字塔，用他称之为"控罪"的规范之间的一个总的蕴涵关系牢固地结合起来：在金字塔的顶端，是建立起一切的，特别是宪法的合法性的"基本规范"；从宪法产生建立政府法令或法院权力的有效性的法律的有效性；从法律的有效性又产生"判决"

① 这些领域都能应用博弈论并取得了成功。

的合法特性，如此等等，一直到多种多样的“个体化规范”（刑法判决、对个人的任命、文凭等等）。可是，如果这样一个美好的结构能轻易地写成代数网的形式（由于每一个规范，除了在上面没有任何东西的基本规范，和在下面再没有任何东西的个体化规范之外，它既是上级规范的“应用”，同时又创造了下级规范），那么它的特性是什么呢？当然是社会学家说的社会性；但是凯尔森的回答是，规范（或 Sollen[*]）是不能归结为事实（或 Sein[**]）的。凯尔森本人主张，自然具有固有的规范性；但是在这种情况下，如果“基本规范”不是通过法的主体用“承认”行为给予它法律有效性而取得的话，这“基本规范”又是与什么发生联系的呢？“自然”法的拥护者们认为，这是与“人性”相联系的结构：对于相信人性永恒性的人来说，这是显然的答案；可是，对于想要参考人性的形成过程来理解人性的人来说，这只是个循环论证而已。

19. **克洛德·列维-斯特劳斯（Claude Lévi-Strauss）的人类学结构主义**　社会文化人类学主要研究的是原始社会。在原始社会
90 里，心理社会过程是与语言结构、经济结构和司法结构分不开的，因而我们把重点放在这个综合性学科上面，好弥补前面说明的过于简略。另一方面，由于列维-斯特劳斯学说是相信人性永恒性的体现，他的人类学结构主义具有典型性，它是人们在经验的人文科学中曾用过的非功能主义的、非发生论的、非历史主义的，但却是

---

* 即“应是”，英文为“ought”，法文为“devoir”。

** 即“实是”，英文为“To be”，法文为“être”。

最引人注目的演绎式的模式：正是由于这个原因，在本书里我们要对它进行特别的研究。因为，这种学说把结构看作是人类社会生活的初始事实，而第 12 和 13 节里我们曾阐述过关于智力的构造论结构主义，在这两者之间要不存在联系，我们认为是难以想象的。

为了抓住这种方法的新颖之点，看一看这种方法如何被运用到成为好些人种社会学的关键概念的图腾制度这个假实体①上，那是极有教益的。列维-斯特劳斯从涂尔干论及已经内化在一切原始宗教里的逻辑机制的一段深刻的话*里，得出结论认为："因此，有一种智力活动，其性质不能是社会具体组织的反映"（该书第 138 页），进而拒不承认"社会先于智力"（第 139 页）；这种结构主义的第一个基本原理，就是要到"具体"社会关系的背后，去寻找出只能通过对抽象模式做有演绎作用的构造才能得到的、"无意识的"基础结构来。由是产生了一种肯定是共时性的观点。但是这 91
个共时性观点与语言学中的共时性观点事实上有所不同。一方面，这个共时性观点是由于我们对于信仰和习俗的起源（第 101 页）无可救药地一无所知所引起的；另一方面，就因为这个道理，这种共时性体系的不同变化比起语言的共时性体系来要少，"习俗是

---

① 见 Cl. Lévi-Strauss：《今日的图腾制度》(*Le totémisme aujourd'hui*)，2ᵉ éd.，1965。〔该书有 Rodney Needham 英译本 *Totemism*，Boston，Bacon Press，1963。〕

* 列维-斯特劳斯引述《宗教生活的原始形式》(*Les formes élémentaires de la vie religieuse*)一书中的话，是涂尔干与莫斯在确立了包含在"图腾制度"当中的"原始"分类系统的一贯性之后，认为"一切社会生活，尽管原始，要先假设在人身上有一种智力活动，因此，它的形式性质不能是社会具体组织的一种反映"的思想。但涂尔干是承认"社会先于智力"的。

在产生内在感情之前作为外在的规范而给出的，而这些无知无觉的规范又决定着个人的感情，并且决定着这些个人感情能够而且应该在其中表现出它来的环境”(第101页)。然而，这些规范取决于具有恒久性的“结构”；这样的共时性从某种程度上说就成了不变化的历时性的表现！当然，这不是说列维-斯特劳斯想要废除历史；不过在历史引进变化的地方，问题仍然是“结构”，不过这一次是历时性的了[①]，但是历时性结构并不影响人的智能。对于人的智能，历史只是“对于查清任何一种有关人的或不关于人的结构的全部成分时是必不可少的。所以，远不是说，对于可理解性的追求，像走到终点似地以历史为归宿，而是要以历史为起点来做任何可理解性的探究……历史引向一切，但是以从历史里走出来为条件”(《野蛮人的思维》[*La pensée sauvage*]，第347-348页)。

当然，这样一种立场是反功能主义的，至少相对于例如像马林诺夫斯基的“更是生物学和心理学的观点，而不是人种学的观点”亦即“自然主义、效用论和情感的观点”(《图腾制度》第82页)来说
92 是如此。当然，依据受弗洛伊德学说影响的某种“解释”，我们懂得为什么列维-斯特劳斯有时似乎要给生物学和心理学的解释能力指出这样的局限性来。的确，对于用感情解释(“人的最晦暗不明的角落”)(第99页)，他提出这些决定性的指责是应该赞扬的，这些解释是忘记了“本身难于解释的东西，从这个事实看来就不适合用来作解释”(第100页)。同样，我们看到列维-斯特劳斯离开了

① “无论在理论上或事实上，都存在着历时性结构和共时性结构”，载《结构一词的意义和用法》(*Sens et usages du terme structure*)(R. Bastide编)，1962年，第42页。

联想主义，只能为此感到高兴；可叹的是在某些地方，联想主义还依然活着：应该是“用对立和相关、排斥和包含、相容和不相容等的逻辑来解释联想律，而不是相反：革新了的联想主义，应该建立在一个运算体系的基础上面，这个运算体系是不会和布尔代数没有相似之处的”（第130页）。但是，固然我们由此能够看到“把心理关系联接起来的一个逻辑连结的系列”（第116页），固然在一切领域里，决定性的步骤是“把内容重新整合到形式中来”（第123页），问题将仍然是迟早要把社会学结构主义即人类学结构主义，跟生物学结构主义和心理学结构主义互相协调起来；而生物学结构主义和心理学结构主义在任何水平上（从体内稳定状态到各种运算）都不能不有一个功能方面。

就列维-斯特劳斯所利用的结构而言，正如大家都知道的那样，他除了从语言学出发时受到启发的音位学结构和总的说来是索绪尔式的结构之外，还在不同的亲属关系的组织里找到了转换的网和群等等代数结构，他在诸如韦伊（A. Weil）和吉尔博（G. Th. Guilbaud）等数学家的帮助下，甚至把这些结构予以形式化。这些结构不仅应用在亲属关系上去，而且还用在从一种分类到另一种分类、从一个神话到另一个神话的过程中，总之，在所研究的种种文明的一切“实践”和认知成果之中，都能找到这些结构。

从有两段带基本性的文字里，我们可以了解列维-斯特劳斯在这种人类学的解释里所给予这些结构的意义：

“如果如我们所相信的那样，精神的无意识活动就是给内容规定一些形式，如果这些形式对所有人的精神，不论是古代人和现代 93
人，野蛮人和文明人，都基本上是相同的——就像对于言语里表现出来的象征功能所做的研究结果如此辉煌地表明的那样——，那就应该，而且也有充分条件，在每一种制度和习俗的下面去找到这种无意识的结构，来得到对其它制度和习俗能够有效的解释原理；当然，条件是要把这种分析进行得相当深入”(《结构人类学》[*Anthropologie structurale*]第 28 页)。但是，这种不变的人类精神或“精神的无意识活动”，在列维-斯特劳斯的思想中占有一个明确的位置，它既不是乔姆斯基的天赋观念，更不是“亲身体验”(那是要“摒弃”的，“除非以后在客观的综合里再把这‘亲身体验’整合进去”，见《悲惨的热带》[*Tristes tropiques*]第 50 页)，而是一个插在基础和上层建筑之间的图式系统：“马克思主义——如果不是马克思本人的话——太经常地这样理解，似乎种种实践(les pratiques)是立即从‘实践活动’(praxis)产生的。我们并不怀疑基础有无可置疑的第一性，而认为在‘实践活动’和实践之间，中间总有一个中介，这就是概念图式；一个物质，一个形式，双方都剥掉了独立的存在，通过概念图式的运算合成了种种结构，也就是同时既是经验性的而又是有可理解性的种种存在实体。我们愿意对马克思开始草创的这个上层建筑的理论，做出贡献，而把发展对于真正意义上的基础的研究，留给历史学——加上人口统计学、技术学、历史地理学和人种志的帮助——来完成，这项研究基本上不是我们的问题，
94 因为人种学首先是一种心理学”(《野蛮人的思维》第 173-174 页)。

一经认可结构的存在，有如拉德克里夫-布朗(英国人种学家中和结构分析最为接近者)所主张，这种结构不能同可以观察到的相互作用系统混为一谈，那么这个伟大学说所引起的中心问题，就是要知道，这种结构的“存在”到底是什么呢？这肯定不是只与随

便安排他的模式的这位唯一的理论家相关的形式存在，因为结构存在于这位理论家“之外”，并且成为被理论家所观察到的种种关系的来源，以至于结构若不和事实紧密一致，就会失去任何真理的价值。结构也不是先验的“本质”，因为列维-斯特劳斯不是现象学家，而且不相信“自我”或“亲身体验”有第一性的意义。不断地一再提到的公式是，结构来源于“智能”或来源于自身永远相同的人的精神，从而得出结构先于社会(与他所指责的涂尔干的“社会先于智能”相反)，结构先于心理活动(从而有“把心理关系联接起来的逻辑连结”)，并且更有理由说结构先于有机体(根据有机体来解释感情是有道理的，但有机体不是“结构”的来源)。但这一来问题就更加尖锐了：智能或精神“存在”的方式，如果既不是社会的，也不是心理的，更不是有机体的，那是什么样的呢？

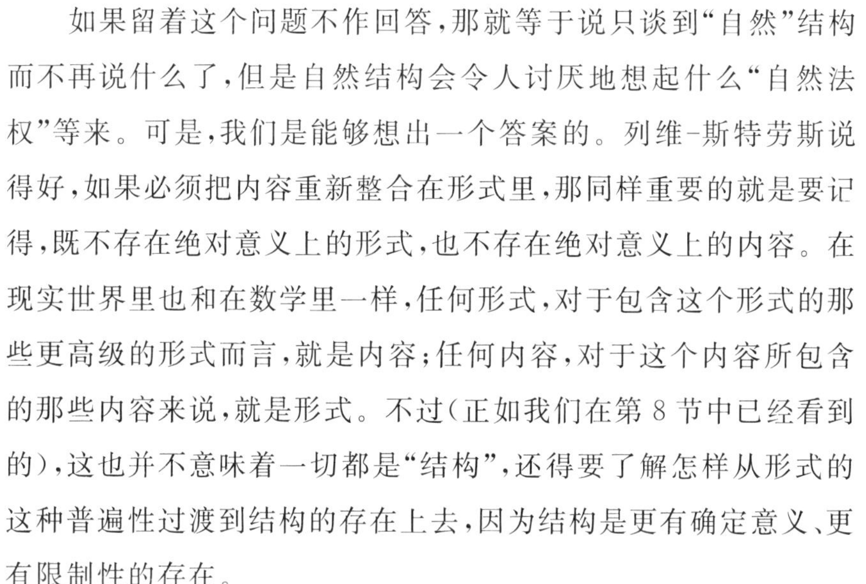

如果留着这个问题不作回答，那就等于说只谈到“自然”结构而不再说什么了，但是自然结构会令人讨厌地想起什么“自然法权”等来。可是，我们是能够想出一个答案的。列维-斯特劳斯说得好，如果必须把内容重新整合在形式里，那同样重要的就是要记 95
得，既不存在绝对意义上的形式，也不存在绝对意义上的内容。在现实世界里也和在数学里一样，任何形式，对于包含这个形式的那些更高级的形式而言，就是内容；任何内容，对于这个内容所包含的那些内容来说，就是形式。不过(正如我们在第8节中已经看到的)，这也并不意味着一切都是“结构”，还得要了解怎样从形式的这种普遍性过渡到结构的存在上去，因为结构是更有确定意义、更有限制性的存在。

首先我们应该看到，如果说依照这种看法，一切都是“可以成为结构的”,“结构”仍然只相当于在其它种种“形式的形式”之间的某一些,服从于有限制的,但又特别可以理解的一些标准,那就是要组成作为体系而具有自己规律的整体,并且要求这些规律建立在转换作用之上,尤其是要保证这个结构有自主性的自身调整性。可是,怎样就能从随便什么“形式”以这样的方式组成“结构”呢?当问题是逻辑学家或数学家的抽象结构时,那是逻辑学家或数学家通过“反映抽象”(参看第 5 节)从这些形式中抽绎出来的。而在现实世界中,则存在着一种普遍的形成过程,把形式引向结构和保证这些结构有内在的自身调整作用:这就是一个平衡作用过程。在物理领域里,这种平衡作用就已经把一个体系定位在它潜在的功的整体之中(参看第 9 节);在有机体的领域里,平衡作用保证生物在各种水平上达到体内平衡状态(参看第 10 节);在心理学的领域里,它说明智慧的发展情况(参看第 12 和 13 节);在社会领域
96 里,它也会起到类似的作用。事实上,如果人们记得,任何形式的平衡都包含一个组成一个“群”的潜在的转换体系,如果人们能够区分各种平衡状态和作为达到平衡状态的过程的平衡作用,那么这个过程不仅说明种种调节是这个过程的各个阶段,而且说明这些调节作用的最后形式是运算可逆性。所以,认知功能或实践功能的平衡作用,包含了为解释理性图式所必须的一切东西:一个调整好了的转换体系和一扇面向可能性的门户,这就是从**有时间性的形成作用**过渡到**非时间性的相互联系**的两个条件。

从这样的观点来看,是社会先于智能还是智能先于社会的问题就不会提出来了:因为集体的智能,就是在一切“协同运算”(co-opérations)中发挥作用的那些运算相互影响而得到的平衡了的社

会性。同样，智慧并不先于心理生活，也不是作为它所产生的种种效应之中的一种简单效应：智力是一切认知功能的平衡的形式。而智能和有机生命间的关系[*]也是属于同样的性质：尽管人们不能说任何生命过程都是"智慧"的，我们仍能够赞同很久以前达西·汤姆森（D'arcy Thomson）研究形态学（《论生长与形式》[*On Growth and Form*][**]，这本著作和其它矿物学方面的研究一样，都曾对列维-斯特劳斯早期思想有过影响）的转换作用时所说的，生命就是几何学；今天我们甚至可以断言，在很多方面，生命就像一台控制论的机器，或一种"人工智能"（也就是普遍智慧）在工作。

但是依照这种看法，人的精神自身永远相同，如列维-斯特劳斯本人所说，"象征功能"的永久性就是它的明证，那么人的精神又 97
成了什么呢？我们承认我们并不了解，如果人们把这种精神看作是一个由许许多多永久性图式合在一起的汇集，这种看法为什么就要比起把精神看作是一种仍然开放的、连续不断的自动构造过程，其结果更受人尊重。坚持符号功能的观点，人们在接受索绪尔对符号和象征的区分时（我们感到比皮尔斯〔Peirce〕的区分要深刻）①，人

---

* 智能（intellect）指用概念思维的能力，或称悟性。

** 英译本注：*On Growth and Form*，2nd ed.，Cambridge，Mass.：Harvard University Press，1942，1952.

① 索绪尔区分标记（indice）（它在因果关系方面具有它所指的性质）、象征（赋予个人动机的）和符号（任意性的），所以符号必然具有社会性，因为它是约定俗成的，而象征则可以是个别性的（如梦之类）。皮尔斯则用神像（icône）（画像）和象征（是符号，但与标记和神像都有联系）来与标记对立起来。参看第14节。〔英译本注：皮尔斯的象征接近于索绪尔的符号，但它不作为"表象性表义符号"的次类而与神像和标记来对立；换言之，在皮尔斯的分类中，完全没有表义符号在前表象阶段和表象阶段之间的对立，以及表义符号在个人性和社会性之间的对立。〕

们不就已经可以想到，从形象化的象征到分析性的符号，就已经有了演化吗？这就是在卢梭论及比喻的原始用法的一段文章里的含义；列维-斯特劳斯在谈到“推论思维的初始形式”时曾用赞许的口吻引述了这段文章（见《图腾制度》第146页）。然而，说“初始”就是意味着有后续，或者至少有几个水平了；而如果说“野蛮人的思维”在文明人中永远存在*，其水平要比科学思维低级：然则分列等级的不同水平就意味着在形成过程中有不同的阶段。人们特别要问，列维-斯特劳斯在《野蛮人的思维》一书里记载的那些美好的“原始”分类，它们大概不是没有否定的“应用”的一个成果，而是在运算意义上的“群集”的成果吧？

在关于这种“自然”逻辑的整体是什么这个问题上，我们对于列维-斯特劳斯的结构主义和列维-布留尔（Lévy-Bruhl）的实证主义之间原则上的总的对立是相当清楚的。但是，列维-布留尔在他的遗著里收回了他的观点。在我们看来，这正像他在初期著作里似的，同样是走得太过头了。并没有“原始思维”，但也许的确有一种在前运算水平意义上或在仅有的几种具体运算开始时的一种有
98 限水平意义上的（参见第12节）前逻辑。“互渗”（participation）是一个富有意义的观念，如果我们不是把“互渗”看成是一种不管有什么矛盾和同一性的神秘联系，而是一种在幼年儿童身上经常看到的处在类与个体中途的关系的话：如我们在桌子上投下一个阴

* 英译本注：见《野蛮人的思维》（*The Savage Mind*）第219页：“……孔德把这种‘野蛮人的思维’归于历史上的一个阶段……而在本书里则既不指野蛮人的思维，也不指原始人或古代人的思维，倒不如说是指未驯化状态下的思维，以有别于为了产生一种报偿而被教化或驯化的思维。”

影，对于4-5岁的孩子来说，就认为是“树下面的影子”或黑夜的影子，不是用包含在一个普遍类里的方法，也不用直接的空间转移方法（虽则受试人有时因为没有更好的解释，会这样说），而是通过某种在一些物体之间直接“焊合”的方法；这些物体，以后在一经懂了规律之后，就会或者分解开来，或者合成为同一类。即使在这种“互渗”关系中我们只看到一种“类比思维”[①]，它作为双重意义上的前逻辑，即先于明确的逻辑，和为这种明确逻辑的制订作准备，也还是有其意义的。

无疑，列维-斯特劳斯所描写的亲属关系的体系，表明有着一种进步得多的逻辑的存在。不过，尤其对于人种志学家来说，这当然不是个人发明的结果（如泰勒[Tylor]说的“野蛮人哲学家”的发明），只有集体的长期酝酿才能创造出这样的成果来。所以这是关于“制度”的问题，而且对于语言学结构来说也是相同的问题，语言结构的能力是超过说话人的平均能力的[②]。如果集体自身调节概念或集体平衡作用概念具有一点儿意义的话，那么很明显，为要判断一定社会的成员是属于逻辑〔水平〕还是属于前逻辑〔水平〕，单参照他们已经结晶了的文化成果是不够的：真正的问题是把这些集体工具的整体利用到每个人生活中的日常推理里去。然而，这些工具很有可能大大地高出于这个日常逻辑水平。列维-斯特劳斯使我们想起了土人在亲属关系的体系中精确地“计算”出隐含的

① 参见《野蛮人的思维》法文版第348页（英译本第263页）。

② 打个比方，白蚁巢的建筑并不能毫无歧义地告诉我们在其它情况下白蚁的几何学。

关系的情况[1]。但是这些还不够，因为这个亲缘关系体系是完成了的，已经调节好了的，又具有特定的意义；而我们想要看到的，则是个人的创造性。

所以，就我们来说，我们相信，只要对于不同社会的成员，无论成人还是儿童，关于他们运算水平（第 12 节里说的含义）的精确的
99 研究还没有系统地做出来之前，问题还是不要先下结论。然而，这些研究做起来很难，因为做这类研究，要求对检查运算的技术有良好的心理学素养（用自由谈话的方式而不是用测验的标准化形式，并不是所有的心理学家都具备这种修养的），而且还要有足够的人种学知识和对受试者的语言的充分掌握。我们知道的这种尝试不多。有一项尝试是关于澳大利亚著名的阿龙塔人（Aruntas）的，结果似乎表明在形成守恒概念上（把一定量的液体倒进不同形状的容器中的守恒性），有系统性的落后；但是，仍然可以通过学习掌握这个概念。通过这个特殊例子，似乎表明已经达到具体运算水平的初级阶段。但是这里还得要检验命题运算（如组合系统等），尤其要从这些观点来研究其它社会。

至于结构的功能方面，只要我们承认有一部分自身构造作用，那就很难撇开这个问题。如果各种效用因素不能单独用来说明结构的形成过程，它们就等于提出了某些问题来，要这种形成过程为它提供答案，因而结果就使形成过程和答案接近起来了（参见第 10 节瓦廷顿的思想）。另一方面，一个结构按照社会中出现的新

---

① 《野蛮人的思维》法文本第 332 页（英译本第 251 页）：Deacon 所描写的 Ambrym 地区土人的情况。

需要而改变其功能，这也是常见的。

总而言之，前面的这些说明，没有哪一点使我们要怀疑列维-斯特劳斯所作分析的积极方面，特别是结构主义的方面。上面这些说明的唯一目的，只是要把他的这些分析从光辉的孤立状态之中引出来，因为，人们在一开始就把自己安放在完成状态之中时，也许忘掉了人类活动本身在认知方面是最有特征的性质：人类与许多动物类不同，动物只有在物种改变时才能有改变，而人却能在
使世界改变的同时改变自己，能在建立自己的结构时使自己成为 100
结构，并不是由于非时间性的宿命从外界或内部消极地接受这些结构的。智慧的历史不是一份简单的“成分一览表”：智慧是一束转换，这些转换同文化的转换或象征性功能的转换不能混为一谈，而是远比这后两种转换开始得早，而且产生这后两种转换；如果理性的演化不是没有理由的*，而是由于在逐渐同外界环境相互作用中不得不具有的内在必然性的缘故而发展的，理性终于还是从动物或人类婴儿的水平演进到列维-斯特劳斯的结构人种学的水平了。

* 英译本注：见《野蛮人的思维》英译本第 252 页：“语言这个没有思想的总积累物，乃是人类的理性，它有它的理性，而人们对它知道得很少很少。”

101 第七章　结构主义和哲学

20. 结构主义和辩证法　在这一章里，我们将只提到在进行结构主义研究时所引起的两个普遍性问题。人们可以把这一研究中所引起的问题的单子无限地扩大，因为这种列举的方式已经成了一种时尚，新近的哲学家再没有不跟着走的；这一时尚的新颖性，使人淡忘了这种方法在科学领域里的陈旧性，这在某些哲学里科学是容易被忽视的。

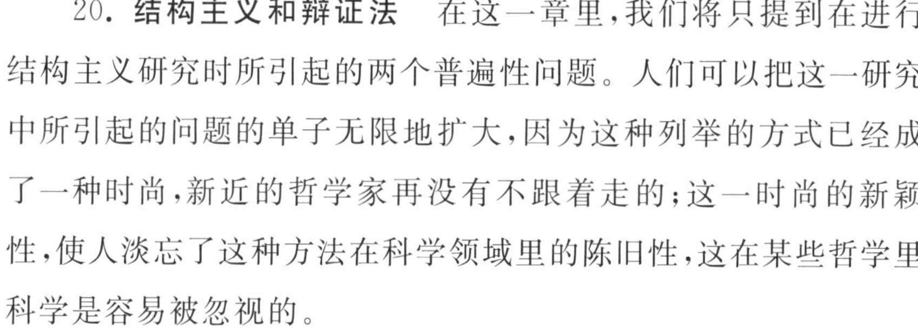

Ⅰ. 我们的两个问题中的第一个显然是不得不研究的。因为，在人们专心致志于结构的研究而贬低了发生、历史和功能的情况下，当所研究的不是主体本身的活动时，这就必然要和辩证思维的种种中心倾向发生抵触。所以，看到列维-斯特劳斯在他的《野蛮人的思维》一书里差不多用了整整最后一章来讨论萨特(J. P. Sartre)的《辩证理性批判》(*Critique de la raison dialectique*)，我们认为这是很自然而且又很有教益的。对这场争论在这里加以检讨，在我们看来也是肯定非做不可的，特别是因为我们感到，争论的对立双方似乎都已经忘了这样一个基本事实，即在各种科学本身的领域，结构主义总是同构造论紧密联系的，而且就构造论而
102 言，因为有历史发展、对立面的对立和“矛盾解决”等特有的标记，人们是不能不承认它有辩证性质的，更不用说辩证倾向与结构主

义倾向是有共同的整体性观念的了。

在萨特所运用的辩证思维里，其主要构成成分是构造论以及构造论的推论历史决定论。关于这第二点，列维-斯特劳斯除了在上文中已经讨论过的对历史的总的批判之外，还很有道理地特别指出萨特的思想说不通，因为他把中心放在自我上，或一个“我们”上，“但又谴责这个‘我们’只是一个自我的二次幂，它的本身对于别的‘我们’又是严严实实地封闭的”(《野蛮人的思维》法文本第341页)。不过，在萨特那里，这些并不是辩证法的产物：它们只是一种存在主义的残余，它是仍然带有哲学性质的辩证法还没有能够去掉的一种存在主义的尾巴。反之，在科学思维领域里，辩证化过程本身就含有使各种看法发生互反关系的意思。至于构造论呢，我们采取与列维-斯特劳斯的异议相反的立场，把它保存下来，但是有这样一个带有根本性的保留，即萨特(除了极个别的例外情况外)认为构造论是哲学思维的特权，与科学知识不同，而且他对科学知识的描绘几乎完全是从实证主义及其“分析”方法借用来的。然而，不仅实证主义不是科学，它只给了科学一个系统的歪曲了的形象，而且如梅耶森经常指出的，在哲学上最主张实证主义的学者都只限于在他们作品的前言中声明他们这样的信仰，而当他们阐发他们的经验分析和他们的解释性理论的时候，他们的做法 103
与这个学说主张的常常几乎是相反：所以，如果我们指责他们没有意识到或有认识论意义上的错误，这是一回事；但是如果我们不再把他们的科学工作同实证主义相提并论，则完全是另外一回事。

这样说了之后，可以看到，列维-斯特劳斯在辩证理性和科学

思维之间所建立的联系，虽然更为正确一些，但是从对于科学思维的要求来看，仍然留有一种令人不安的不足，必须把辩证过程所占的地位，恢复到比列维-斯特劳斯似乎希望赋予它的还要重要的位置。而且，看来很清楚，如果说列维-斯特劳斯把辩证过程多少有些低估了，这是由于他的结构主义是相对静止的或反历史主义的，而并不是因为有了一般的结构主义倾向的缘故。

如果我们对列维-斯特劳斯确实理解的话，他是把辩证理性看作是一种“一直在起构造作用的”理性的（见《野蛮人的思维》第325页及以下各页），但是有“勇敢”的含义，就是说，它建造起一座座的桥梁，向前迈进；这与分析性理性相反，分析性理性是为了理解而分解事物，并且主要是为了检验。但是，说“辩证理性……不是别的东西，而就是分析性理性……只是在分析性理性上加了点儿东西”（第326页），我们根据这样一个补充来说，并不是要强词夺理；这个补充的意思，几乎就是要把后者所缺少的创造功能或进步功能给予前者，而同时又把验证的主要工作为前者保留下来。当然，这种区别是本质性的，同样当然的是，并不存在两种理性，只有理性可以采取的两种态度或两类“方法”（用笛卡尔赋予这个词的意义）。但是，辩证态度所要求的构造，不仅是要在我们
104 无知的深渊之上“建造一座座便桥”，这个无知的深渊的彼岸在不断地向远处伸展（第325页）：这种构造过程还假定有更多东西，因为时常就是构造过程本身，在同种种肯定结合起来时产生种种否定，接下去在共同的“矛盾解决”中再得到它们之间的协调一致。

这个黑格尔或康德的模式并不是抽象的模式或纯概念的模

式，否则它就会既不能使科学也不能使结构主义感兴趣了。只要思维努力背离虚假的绝对性，这个模式就表现出思维不可避免的步骤。在结构的领域里，这个模式相当于一个不断重复的历史程序，巴什拉(G. Bachelard)在他最优秀的著作之一《非的哲学》(*La philosophie du non*)里曾描述过这个程序。它的原理是，一个结构一经被构成，人们就对结构中能表现本质的或至少是必要的性质之一给予否定。例如，作为有交换律的古典代数学，从汉密尔顿(Hamilton)开始人们就创造了一种无交换律的代数学；欧氏几何学又被非欧几何学配成了对[*]；以排中律为基础的二值逻辑，则由布劳威尔(Brouwer)否认这个原则在无穷集合情况下的价值而用多值逻辑来补充，如此等等。在数理逻辑结构的领域里，这就几乎成了一种方法：有了一个已知的结构，人们就企图用一个否定的体系来建造出各种互补的体系或不同的体系，然后人们把它们汇集成一个复杂的整体结构。在格里斯(Griss)的“没有否定的逻辑”里，一直到否定本身也这样地被加以否定。另一方面，当问题是要决定，像在有限的基数和序数之间、在概念和判断之间等等的关系之中那样，究竟是系统 A 导致系统 B，或者是相反系统 B 导致系统 A 时，人们可以肯定，最后总是要由辩证的相互作用或辩证圈 105
来取代线性的先后关系或前后联系的。

在物理科学和生物科学的范围里，情况是类似的[**]，虽则这种类似的情况是从康德称之为“现实的矛盾”或事实上的矛盾中衍生

---

* 英译本把这句直接译成：“欧氏几何已由‘否定’而产生了非欧几何”。

** 就是指通过否定而构造的辩证过程。

出来的①:是否还需要请大家回忆光学理论的微粒观点和波动观点之间的摇摆,回忆由麦克斯韦在电与磁过程之间所引进的互反性关系等等呢?在这些领域里,如同在抽象结构的领域里一样,看来的确是,辩证态度构成了建立结构的一个主要方面,这个方面既是对分析的补充,又是和分析不可分开的,甚至也是为了形式化所不可分开的:列维-斯特劳斯小心翼翼地同意要给分析性理性"加点儿东西",这些东西要比"建造便桥"多出很多,而且无疑就是要用著名的"螺旋形"或不是循环论证的圆圈来代替线状模式或树形模式,这种螺旋形或不是循环论证的圆圈非常近似于发展程序上所特有的发生圈或相互作用。

II. 这样,关于辩证思维的讨论就把我们引到了关于历史的问题上以及先是阿尔都塞接着是戈德利埃(M. Godelier)对马克思著作进行结构主义分析的方式上来了,虽则马克思赋予历史发展以主要地位是在他的社会学解释里才涉及的。从另一方面看,马克思有一个结构主义方面,至少已经到了介于我们在第 18 节里所说的"总体结构"和在现代人类学含义上的结构这两者之间的半路上了,这是很明显的。因为,马克思把属于现实的"基础"与意识形态的上层建筑区分开来,而且他用虽则还停留在质的分析上可是相当精确的术语来描写这些现实基础,使我们远远离开了简单地
106 可以观察到的关系。阿尔都塞的著作的意义是建立马克思主义的科学认识论,除了其它目的之外,他还有两个非常合理的目的,一

---

① 在《七星百科全书》(*Encycl. de la Pléiade*)的《逻辑学与科学知识》的关于逻辑学和辩证法的有趣的一章中,L. Apostel 发挥了康德的这个观点的含义(该书第 337 页及以下各页)。

个是从黑格尔的辩证法里阐发出马克思的辩证法来，另一个是给马克思主义辩证法一个现代结构主义的形式。

关于这第一点，阿尔都塞做了两点重要的说明*（从中他还得出了这样一个结论——对于这个结论我们不发表意见——这就是关于青年马克思具有黑格尔主义的论点是个可以讨论的问题，因为他认为马克思多半是从康德甚至还有费希特所提的问题出发的）。第一点，它和第二点是有紧密联系的，对于马克思主义来说，与唯心主义相反，思维就是一种“生产”，是一种“理论实践”，它主要不是个别主体的产物，而是一个有社会因素和历史因素参与的紧密不可分的相互作用的结果：这就产生了对马克思这段著名文章的解释，其中把“具体的整体性”作为“精神上的具体”（Gedankenkoncretum）看作“实际上是一种思想和概念作用的产物”。**

我们从阿尔都塞那儿要汲取的第二点说明，就是马克思学说的辩证矛盾与黑格尔的辩证矛盾没有关系。黑格尔的辩证矛盾最后归结为对立面的同一（identité）；而对于马克思说来，它是一种“超决定作用”的产物，如果我们确实理解的话，那就又是不可分的相互作用造成的产物。同样，阿尔都塞还正确地指出，马克思和黑格尔的“整体性”概念也是不同的。

于是，就是这种社会方面的超决定作用（相当于物理中因果关系的某些形式），引导阿尔都塞把生产关系的内部矛盾，或者说在生产关系和生产力之间的矛盾，以及广义地说就是把马克思主义

---

* 英译本注：见 Althusser：《保卫马克思》（*Pour Marx*），Paris，Maspero，1965。

** 英译本注：在上引书中（*Pour Marx*，第 186 页），Althusser 把这段话用作章节前的格言。

107 经济学的整个机器，都纳入一个转换结构的系统里，他并且努力地为这个转换结构系统提供联结的关节和形式化的原理。有人指责他搞形式主义；但是，人们的这种指责不过是平常对于任何严肃的结构主义发出的没有根据的责难而已。有人反对阿尔都塞，主要是在某些人看来，他好像没有给人的地位以足够的重视；可是，如果说重视“个人”的价值（可叹的是个人的价值太经常地被同个人自己的价值混淆了！）不如重视动作的构造活动即认识主体的构造活动，那么把知识的特点看作是一种生产这个事实，是与原来的马克思主义的最牢固的传统之一相符合的。

至于谈到历史的结构与历史的转换之间的关系时，戈德利埃在一个非常清楚的注解[①]里指出，仍然还有工作需要完成：如果我们把社会结构比作数学范畴（事物的种种集合以及它们的可能的“应用”：见第 6 节的最后部分），那么人们就能够确定哪些功能是与结构相符合或不相符的了；可是，还要知道，在形成一个系统的全部结构中，各结构之间互相结合的方式怎样会“在被连接起来的诸结构中的一个结构内部引起一个**主导的功能**”，在这一点上，目前的结构分析还有待完善，但是，这要与历史的转换和发生过程的转换密切结合来进行。从这种观点出发，戈德利埃（以非常卓越的方式补充了阿尔都塞对马克思的矛盾论所进行的分析）的确强调指出了，“对于结构的研究要优先于对结构的发生过程和结构演化
108 的研究”，他并且注意到：马克思自己把价值理论放在《资本论》的

① M. Godelier 著：“《资本论》中的系统、结构和矛盾”，载《现代》杂志（*Les Temps modernes*），1966 年，第 857 页，注 55。

开头部分，就是使用的这种方法。况且，我们也看到(第 12 和 13 节)，即使在心理发生学的领域里，发生也从来只是从一个结构向另一个结构的过渡，这个过渡解释了第二个结构，而同时，对所有这两个结构的认识又是为理解这个作为转换的过渡所必要的。但是，他得出的下面这样一个结论，值得一提，因为这个结论也概括了我们反对列维-斯特劳斯的意见，以及整个这本书的总观点："要使人类学向历史学挑战或历史学向人类学挑战，毫无成果地把心理学和社会学对立起来，把社会学和历史学对立起来，也许都是不可能的事情。归根结底，人的'科学'的可能性将要建立在发现社会结构的功能作用的规律、演变的规律和内部对应关系的规律的可能性上面……因而也就是建立在推广结构分析方法的上面，结构分析方法已经成了能够解释种种结构变化和演变的条件和解释结构的功能的条件了"(见前引《现代》杂志第 864 页)。结构和功能，发生和历史，个别主体和社会，在这样理解的结构主义里，在这种结构主义使它的分析工具越来越精致的情况下，就都变得不可分割了。

21. **没有结构的结构主义**　富科先生在其《词与物》这本书里，从相反的方面给我们提供了相当令人吃惊的例证，这本著作的文笔多姿多彩，充满了叫人预想不到的光辉思想，渊博的学识给人以深刻的印象(特别是关于生物学的历史，但是就心理学的历史而言，就不能等量齐观了)，但是，这部著作从通常的结构主义里只保留了些消极方面。在他的这本"人文科学的考古学"(该书的副标 109

题)里,除了主要与言语有联系的概念原型的探究之外,我们竟找不出别的东西来。富科主要抱怨的是人;他把人文科学看作只是一些“突变”——即“先验历史”或“认识型”(“épistémè”*)的暂时性产物,这些“突变”或“认识型”是在时间的历程中毫无秩序地相继而来的。实际上,这种对人的科学研究产生于十九世纪,它终将寿终正寝,而没有人能够预见将由哪一类新的“认识型”来代替它。

富科是好奇地到结构主义本身里去寻找这种行将消亡的理由之一的。结构主义给了“可能性,也提出了任务,用构成形式化的言语来使古老的经验主义理性纯化,并从先验数学的种种新形式出发来进行第二次纯粹理性批判”(第 394 页)。其实,在这样推广言语本身的能力时,“当把言语的各种可能性推向极端的时候,所要发生的事情就是:人‘完了’。人在到达任何可能有的话语的顶峰时,所到达的并不是人自己的中心,而是到了人的极限的边缘:这就到了死神在徘徊、思想在熄灭、起源时的许诺被无限地推迟的这个区域”(第 394-395 页)。可是,“结构主义并不是一种新的方法;它是现代知识令人不安的觉醒了的意识”(第 221 页)。

各种怀疑主义认识论的真正作用,是要在动摇原先的舒舒服服的立场的同时,提出新的问题来。当然,我们是希望富科能够促
110 使出现一位未来的康德,能够把我们从教条的沉睡之中拉到第二次觉醒之中的。我们特别要期待的是,这位作者的具有革命意图的著述能给我们提出对人文科学的有益的批判,对于“认识型”这

---

* 富科所起的名词。

个新概念给出足够清楚的阐述，并对他自己的结构主义的限制性概念有一个论证。可是，这三点我们都没有得到满足，因为在他巧妙的陈述之下，我们只找到不可胜数的断言或省略，作者有意要让读者尽可能地来进行类比，以求找到示范的例证。

例如他说，人文科学不仅都是些“伪科学；它们根本就不是科学；确定人文科学的实证性并使它们扎根在现代‘认识型’里去的那个外形，同时也就使它们无法成其为科学；而如果有人又要问为什么人文科学还是得到了科学的称号，那么只要请大家回忆一下，人文科学之需要并且接受从一些科学借来的某些模式的转让，其原因就在于对人文科学的根源所下的考古学定义”(第 378 页)。如果有人现在就向这些出乎意料的断言要求证据，那么只能找到以下这几点证据：(1)“确定人文科学的实证性的外形”是由富科所发明的一个“三面体”(第 355-359 页)，三个面是(a)数学和物理科学，(b)生物学、经济学和语言学，它们都不是人文科学(第 364 页)，(c)哲学的思考。(2)因为人文科学既不是 a，也不是 b，不是 c，所以人文科学就不是科学：C. Q. F. D.(证明完毕)。(3)至于人文科学为什么相信自己是科学，“对它们的根源所下的考古学定义”很容易就能说明这点，因为富科的“考古学定义”，就等于事后讲述发生过的事情，就好像这一切早就能从它们的“认识型”的知识里先验地推论出来似的(因为“历史证明，凡是被人思考过的东西，还将被现在还没有出现的另一种思想再来思考的”，第 383 页)。

事实上，富科的人文科学批判，通过给人文科学下一个任何人文科学的代表学者都不会接受的限制性定义的方法，有点把任务

减轻了。例如说:语言学不是人文科学,属于人文科学的仅仅只是“各个个人或社群理解词等等的方式”(第 364 页)。科学的心理学是从十九世纪“工业社会强加于个人的新规范中”诞生的(第 356 页;我们倒真想要知道是哪些新规范!),于是,科学的心理学的生物学基础就被干脆砍掉了[①]。从这种心理学中只留下了对个人表象的分析,任何一位心理学家都不会以此满足的;当然还留下了弗洛伊德的无意识,富科所以欣赏它的价值,尤其因为它宣告了人的终结,意思是指人的意识作为享有不应得特权地位的研究对象的解体。不过,富科在这里忘记了整个认知生活是与同样也是无意识的结构联系着的,而结构的功能作用重又把知识与整个生命联系在一起。

但是,如果这个片面的批判是为了一项发现而付出的代价的话,那以上所说的这一切,都算不得怎么太重要的。初看起来,“认识型”的概念似乎是新颖的,并且包含着一种也许会受欢迎的认识论结构主义。他的那些“认识型”并不形成一个康德学说意义上的先验范畴的体系,因为他的“认识型”与康德的先验范畴相反,而且与列维-斯特劳斯的“人的精神”也相反,这两者都既是必然的而又是永久存在的;他的“认识型”却是在历史的进程中互相接着产生
112 的,并且还是以无法预见的方式来到的。它们不是从简单的心智活动习惯所产生的可观察到的关系的体系,它们也不是在科学史上某个时刻能够推广的带有限制性的思想方式的体系。它们是些

① 富科忘记了赫尔姆霍茨、黑林和其他许多“工业社会新规范”的牺牲品,其中包括达尔文本人,这位科学的心理学的创始人之一。

"历史上的先验性"，像先验的形式一样是知识的先决条件，可是，它们只延续一个有限的历史时期，当它们的命运终结时就让位给别的"认识型"。

阅读富科关于被他一个接着一个地区分出来的"认识型"的分析时，很难叫人不联想到库恩(Th. S. Kuhn)在他关于科学革命的著名著作里所描述的"范型"(paradigmes)[①]。初看起来，富科的企图甚至显得更为深刻，因为他的企图是有结构主义的雄心的，而且还因为如果他的企图成功了，就会导致发现真正的科学认识论的结构，把一个时代的科学的种种基本原理相互联系起来；而库恩只限于描述这些结构，并对已经引起突变的各种危机做历史的分析。不过，要实现富科的计划，就应该有一个方法；可是他不去问在什么样的先决条件下人们有权认为一个意义明确的"认识型"真正在起作用，以及根据什么样的标准人们就可以把不管什么人按照在解释科学史时的不同方式所能够建立起来的某一个别的不同的"认识型"体系，认为不合规定。富科只是相信他的直觉，并且用想当然的思考来代替任何系统的方法论。

于是不可避免地就会出现两种危险：第一，在赋予一种"认识 113
型"的性质之中有武断性，用一些性质来代替有可能选上的另一些性质，而有些则尽管重要却被删除掉了；第二，属性会具有异质性，被假设是紧密相关的属性，它们却属于思维的不同层次，虽则在历史上说是同时的。

---

① 参看 Th. S. 库恩著《科学革命的结构》(*The structure of scientific revolutions*)，芝加哥大学出版社，1962 (ed. Phoenik Book，1964)。

关于这些障碍的第一点，上文提到的代表当代“认识型”的那个三面体，从任何观点来看都是武断的。首先，正如我们已经看到的，富科本人给了自己一个用他自己的方式来区分人文科学的权利，他把语言学和经济学从人文科学中删去，除非当这二者不是涉及到所有人而是涉及到个人或有限的社群时；而心理学和社会学还是在三面体的内部徘徊，不能有一个稳定的地位：我们看到，富科以他自己的方式修改了的那个“认识型”，就是富科自己的认识型，而不是各种科学潮流中的认识型。另一方面，他所主张的三面体是静态的，然而当代科学的基本特点，乃是一个由许多相互作用组成的整体，这些相互作用趋向于赋予系统以一种具有多种交叉的环状形式：热动力学×信息论，心理学×动物行为学×生物学，心理语言学×生成语法，逻辑学×心理发生学……最后，哲学的思考被作为一个独立的方面插进去，其实科学认识论越来越成为每一门科学内部的东西，它的情况愈来愈依靠各科学的环本身和不断变化着的学科间的关系（这正是书上第 329 页那个断言所蕴涵的内容，即人这个“奇怪的双重物”具有“经验-先验”的性质）。

至于富科的“认识型”的第二个缺点，就是它内在的异质性，这在第 87 页的表上特别看得清楚，那就是把十七、十八世纪的“认识型”归结成线性次序和分类学式的树形次序。事实上，分类学属于相当初级的逻辑“归组”（参看第 12 节）的结构，但有包括由远及近的构造过程（邻近性）在内的许多限制。然而，当生物学的思维还停留在这个水平上时，数学思维从十七世纪起就进入了微积分分析的阶段，并且具有了相互作用的模式（已经丝毫没有线状性质了），例如牛顿第三定律的相互作用模式（作用力和反作用力相等)：断言所谈到的是同一个“认识型”，借口说是具有共时性的性质，这就干脆成了历史的牺牲品了！而富科是打算靠他的智慧活 114
动“考古学”把自己从历史中解放出来的；这也就是置水平的不同于不顾了，而在这里很明显地有着两种不同的水平。

这个不同水平的主要问题在富科的著作里是完全不存在的，因为这个主要问题与富科个人的“考古学的”“认识型”是相反的。为这个对不同水平的否定所付出的代价是太大了：“认识型”的先后顺序问题，因此就变得完全是不可理解的了，而且这是有意要这样的：“认识型”的这位创造者对这种情形似乎还表现出某种满意哩。事实上，先后出现的“认识型”相互间是不能从这一些中去推论出那一些来的，既不能从形式上去推论，也不能从辩证法上去推论；它们相互之间也不能以任何演变关系彼此继续，既没有发生学上的演变关系，也没有历史的演变关系。换句话说，理性的“考古学”的真正含义就是，理性的变换是没有理由的，理性的结构是通过偶然的突变或暂时的涌现而出现和消失的；而在当代控制论的结构主义产生之前，那时的生物学家正是用这种方式来理解突变的。

因而，把富科的结构主义称为没有结构的结构主义就并不过分了。他从静态的结构主义中保留了所有消极的方面：对历史和发生的贬低，对功能的蔑视，而且迄今还无人可与之匹敌地也否定了主体本身，因为他认为人很快就要消失了。至于积极的方面，他的结构只不过是些用形象表现的图式，而不是必然以结构的自身调整来达成守恒的转换系统。在富科有目的的非理性主义中唯一确定的一点，就是求助于言语，因为言语是外在于个人的，所以把

它看作是支配人的：但是，“言语的存在”对于富科来说仍然有意地
115 要是一种神秘的东西，他只是喜欢强调语言有“谜一般的顽强性”（第 394 页）。

富科的著作，虽则具有那种破坏性智慧的尖锐泼辣，却并不因此就减少它无与伦比的价值：这部著作明显地证明了，想要把构造论和结构主义割裂开来而得到前后一贯的结构主义是不可能的。①

① 在《文学半月刊》(*La Quinzaine littéraire*)杂志(1968 年第 46 期)转载的法国广播电视台(l'ORTF)的访问记中，富科对他的著作又做了重新的解释，与没有思想准备的读者的印象大相径庭。新的解释值得提一下，因为这只能使那些有兴趣等待他的新作的人高兴。如果我们理解对的话，那就是将要消亡的人，不再是指作为客观研究所针对的人，而是指某种“不能再流行了的”哲学人类学中的人。此外，科学认识论已经变成了不同学科内在的东西，而不再是依靠“为哲学家的数学”或“为哲学家的生物学”等等。“并且，某种还没有找到它唯一的思想家和它的单一的陈述的哲学，最终正在理论工作的这类多样性里完成”。在这种情况下，富科所宣读的一系列控诉是大大地减弱了，例如说，“人们不是消灭历史，而是消灭为哲学家的历史，是的，我坚决要消灭这样的历史！”因此，让我们希望富科在重新找到不同于哲学家(或哲学心理学派)的另一种形式下的人之后，他会把人的结构归还给人，甚至在方法论结构主义中将会找到他那“单一的陈述”的开端，而不是在各种结构主义者中只看到一个七拼八凑的许多作者的集合，尽管他不愿意，人们还是把他分类在这些作者的集合里，列入“一个为别人才存在，为那些不是他的人才存在的范畴”里。

结　　论 117

在要概括这本小书从一些主要的结构主义的立场里所力求阐发出来的论点时，我们首先应该指出，如果说这个方法的许多运用都是新的，那么结构主义本身出现在科学思想史上却已有很长的历史了；虽则它同演绎和实验结合起来相对来说是晚近才形成的。之所以要等待这么久才发现有可能使用这种方法，那不言而喻，首先是因为人类智慧的自然倾向是从简单到复杂地逐渐进步的，因而在分析工作遇到困难叫人不能不承认之前，是不知道有种种相互依存关系和各种整体系统的。其次，是因为结构之为结构是观察不到的，结构所处的不同水平，必须通过抽象出形式的形式或第 n 次幂的体系才能达到的；这就要求作出特别的反映抽象的努力才行。

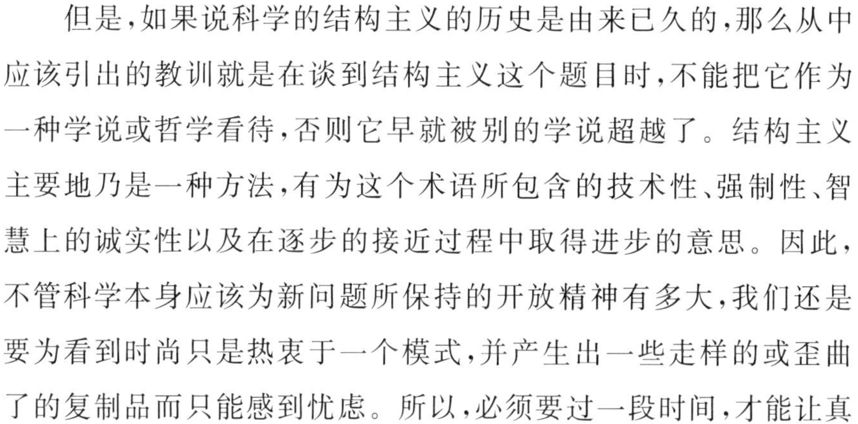

但是，如果说科学的结构主义的历史是由来已久的，那么从中应该引出的教训就是在谈到结构主义这个题目时，不能把它作为一种学说或哲学看待，否则它早就被别的学说超越了。结构主义主要地乃是一种方法，有为这个术语所包含的技术性、强制性、智 118
慧上的诚实性以及在逐步的接近过程中取得进步的意思。因此，不管科学本身应该为新问题所保持的开放精神有多大，我们还是要为看到时尚只是热衷于一个模式，并产生出一些走样的或歪曲了的复制品而只能感到忧虑。所以，必须要过一段时间，才能让真

正的结构主义，即方法论的结构主义，去判断人们以结构主义的名义所说的一切和所做的一切。

提出这些注意之后，从我们一系列的探讨之中抽绎出来的主要结论，就是结构的研究不能是排它性的，特别是在人文科学和一般生命科学范围内，结构主义并不取消任何其它方面的研究。正好相反，结构主义的研究趋向于把所有这些研究整合进来，而且整合的方式是和科学思维中任何整合的方式是一样的，即在互反和相互作用的方式上进行整合。不管什么地方，我们如果看到在一些个别的结构主义立场中有某种排它性，它的上文或下文总向我们指出，人们为要证明这些限制性和强硬态度的合理而采用的模式，恰恰是在朝着与人们所要赋予这些模式的方向相反的方面发展着。我们只举一个例子，在人们从语言学中汲取出了各种各样的富有成果的，但有点片面的灵感之后，乔姆斯基出乎意料的返回却使这些过于狭隘的观点缓和了*。

* 最后这一句的用词，英译本与法文原本稍有不同，英文说“乔姆斯基的预想不到的逆转却开阔了这些过于狭窄的观点”(there came the unexpected inversion of Chomsky to broaden these overly narrow view)。而法文即用“modérer”(缓和)。这里涉及到一个看法问题：在乔姆斯基的天赋论里，句法结构不过是天赋理性生成的结果，各种句法系统不过是力求接近天赋能力的表现。但皮亚杰的构造论把结构看成是在不同水平上原有结构整合成更高水平结构的结果，有环境成分结合进来；乔姆斯基的天赋论中有可以缓和行为主义联想论的片面性的作用。由于两种学说根本上有所不同，所以1975年10月在巴黎近郊罗耀蒙修道院(Abbaye de Royaumont)召开了有两位大师参加的辩论会，提出了一系列的根本不同的论点，最后得出有些相同的地方，但根本分歧仍然存在。这些情况，在M. Piattelli-Palmurini编的《言语与学习：在皮亚杰与乔姆斯基之间的辩论》(*Language and Learning: the Debate between Jean Piaget and Noam Chomsky*, Harvard University Press; Cambridge, Massachusetts, 1980.)一书中有详明的记录。该书法文原本出版于1978年。

我们总的结论的第二点就是，从其精神本身来说，对结构的探求，只能在多学科之间的协调上取得出路。理由非常简单：希望在人为地限定的一个领域里谈论结构（像一门个别的科学就是这样的领域），人们很快就会弄到不知道把结构的“存在”放置在什么地 119 方才好，因为按照定义来讲，结构是永远不能与可观察到的关系混为一谈的，而只有这些可以观察的关系才是被明确限制在一个所研究的科学领域里面的。例如，列维-斯特劳斯就把他的结构定位在介于基础和实践即有意识的意识形态之间半路上的一个由若干概念图式组成的体系里面，这是因为“人类学首先就是一种心理学”的缘故。在这一点上他是很有道理的。因为，关于智力的心理发生学研究同样证明了，个别主体的意识里一点也不包含形成这个个别主体的活动的那些机制，相反的行为却意味着有唯一说明它的可理解性的种种“结构”的存在：而且还有，它们也是群、网、“归组”等等同样的结构。但是，如果有人要问我们把这些结构放在什么地方？那我们就把列维-斯特劳斯的话转个位置来作为回答：介于神经系统和有意识的行为本身之间的半路上，“因为心理学首先就是一种生物学”。但是也许有人会要继续往下说去，可是由于各种科学形成一个环形而不是形成一个线性系列，从生物学往下说到物理学，接着就要从生物学和物理学追溯到数学，最终又回到了……我们说回到了人，以便不要在人的机体还是人的精神之间来作抉择。

在继续谈我们的结论的时候，的确有一个我们看来是应该提出来的，一个由比较研究得出的结论：“结构”没有消灭人，也没有消灭主体的活动。真的，应该懂得，在关于人们所应叫作“主体”的

120 东西上面，已经被某些哲学传统积累起了许多的误解了。第一，应当要区别开个别主体与认识论上的主体。在这里并不涉及个别主体，而是指的认识论的主体，即是在同一水平上的一切主体所共同的认知核心。第二，应该把总是支离破碎的、时常是歪曲的“初意识到”(la prise de conscience)*与主体在其智慧活动里所能努力**做到**的这两方面分开来看。主体知道它的结果**而不知道所凭借的机制。但是，如果说这样地把主体同“我”和“体验”分解开来的话，那么还剩下主体的**运算**，这些运算是从主体自己动作的普遍协调里通过反映抽象得来的：恰好就是这些运算，构成他所利用的种种结构的组成成分。主张说这样一来主体就已经消失，而让位给非个人性和普遍性了，应该说那是忘记了：主体的活动，在认识层次上说(也许如同在道德价值或美学价值等等的层次上一样)，要求有一个继续不断的除中心作用过程来把他从自发的心理方面的自我中心现象里解放出来，这样做并不就是为了要得到一个外在于他的完备的普遍性，而是为了有利于一个协调的和建立互反关系的连续不断的过程；正是这个过程本身是结构的产生者，它使种种结构处于不断的构造和再构造的过程之中。

证明这个主张的理由是由下述的结论所提供的，它也是从不同领域的比较之中得出来的：不存在没有构造过程的结构，无论是

* “La prise de conscience”是哲学名词，指个人刚意识到某种事物或关系的内心活动，是对客体当下取得直觉的，即“初意识到”而还没有进行思考、比较等活动的心理活动阶段。它是有“自我”存在的明证。Claparède 曾提出用“mentalisation”这个词，但使用不普遍。

** 即“体验”(vécu)。

抽象的构造过程,或是发生学的构造过程。但是,正如人们已经看到的,这两类构造过程并不是像人们习惯上所想象的那样地相距很远的。自从哥德尔开始,人们在数理逻辑理论中把结构区分为
或多或少的强或弱的,那些最强的结构只能在种种初级的(弱的) 121
结构之后建立起来,而那些最强的结构对于弱结构的完成又是必要的;因此抽象结构的体系成了与永远不会完结的整体构造过程密切相关的了;这个不会完结的整体构造过程要受到形式化的限制,也就是说,正如我们假设过的,事实上,一个内容永远是下一级内容的形式,而一个形式永远是比它更高级的形式的内容。在这种情况下,抽象的构造过程只是一个发生过程的形式化了的倒转,因为发生过程也是通过反映抽象而进行的,不过是从较低水平的阶段开始的。当然,在有些领域里,发生过程的资料是不知道的,或者可以说是失掉了,例如在人种学里,自然人们只好打肿脸充胖子而安排得把发生过程看成是没有用的。但是,在像智慧心理学里这样,发生过程为日常观察所不能不接受,人们就看到在发生过程和结构之间,有着必然的相互依存关系的事实:发生过程从来就是从一个结构向另一个结构的形成过渡,但是它是一个从最弱导向最强的形成过渡;而结构从来只是一个转换的体系,不过它的根基是运算系统,所以是有赖于适当工具的预先形成的。

但是,发生过程问题远不只是一个心理学上的问题:这就要把结构观念的意义本身提出来讨论了。因为科学认识论的基本选择,就是永恒的预定论(prédestination)还是构造论的问题。当然,对于一位数学家来说,相信有“理念”,相信在发现负数和开方
求根之前,虚数 $\sqrt{-1}$ 从古以来就在上帝的怀抱里永恒地存在,这 122

是富有魅力的。可是，自从哥德尔定理出现之后，上帝本身也已经不再是不动的了，他不断地建立起越来越“强”的系统，这样上帝就变得更加活跃了。可是，如果我们从数学转而来看现实的结构或“自然”结构时，问题就更加尖锐了：乔姆斯基的理性天赋论，或者列维-斯特劳斯主张的人类智慧永恒论，只有在忽视了生物学的条件下才能使我们的精神得到满足。至于谈到有机界的结构，我们又可以在这里面看到，那或者是演化中结构过程的产物，或者是其成分自古以来就铭刻在原始的脱氧核糖核酸（ADN）里的一种组合系统的产物。总之，在一切层次上都又会碰到这个问题的。在我们所处的有限领域里，作为结束，只要看到以下几点就够了：关于发生构造论的研究是存在的；这些研究工作由于有了结构主义的前景已经得到了加强，而不是被削弱了；因此，正像我们在语言学和智慧心理学里所看到的那样，做一个综合是必不可少的。

还有功能主义的问题。如果认识的主体并没有因结构主义而被取消，如果说他的那些结构跟一个发生过程不可分，那么当然功能的概念就没有失去它的任何价值，而是一直被蕴涵在作为结构来源的自身调节作用里的。可是在这里，事实的论证，也是有形式的或者说是合法的理由来证明其确有根据的。对功能作用加以否定，实际上就又回到了在“自然”结构的领域里去假设有一个实体，
123 不管它是主体本身，是社会，还是生命界，等等，它会成为“一切结构的结构”。因为，除非跟富科一起认为有被区分开的、一个个接着来而又是偶然性的“认识型”，那种种结构只有成为体系才有生命。然而，只要因为有长久以来早就知道的二律背反的原因，只要由于有较近时期知道的形式化的种种限制的理由，一个一切结构

的结构是不会实现的。由此得出这样一个结论:主体的本性就是构成一个功能作用的中心,而不是一座先验的完成了的建筑物的所在地;而且如果有人把社会、人类、生命界,甚至全宇宙来代替这个主体,所得的结果还是一样的。

综上所述,结构主义真的是一种方法而不是一种学说,或者说如果它成为学说的话,那结构主义就要引出大量的学说来。作为方法,结构主义在应用上只能是有限制的,也就是说,如果结构主义由于要得到丰富成果而被引导去同一切其它方法发生联系的时候,它假定有其它方法的存在,并且也丝毫不排斥发生过程或功能作用的研究;相反,结构主义在一切必须发生接触的边缘领域中,用它强有力的手段加强这些研究。另方面,作为方法论,结构主义是开放性的,就是说,在这些接触交换过程中,也许它接受的没有它给与的那么多,因为结构主义是最新的产物,还充满着丰富的预见不到的东西,不过它要整合大量的资料,并且有种种新的问题要解决。

如同在数学里布尔巴基学派的结构主义由于有了一种求助于一些更加能动的结构(各种“范畴”及其“函数”的基本维[*])的运动,已经得到了发展;同样,在不同学科里一切结构主义的现有形式,也一定因为多种多样的发展而壮大;而且,由于结构主义同一 124
种内在的辩证法紧密联系,人们可以确信,某些结构主义的信徒碰到看来跟结构主义不相容的立场而从中推论出的一切否定、贬低或限制,恰恰正相当于种种交叉点,在这些地方,那些对立命题总

* 参看第 6 节后一部分的叙述。

是被新的综合所超越。

总之，当人们有把结构主义当成一种哲学的倾向时，威胁结构主义的永远存在着的危险是结构的实在论；只要人们一忘记在结构和成为结构的来源的各种运算之间的关系，就会到这种实在论里去找出路。反之，在人们记得结构首先是、并且主要是一束转换关系的情况下，那就会排除以下的情况：或者把结构跟客体所固有的物理算子或生物算子分离开来，或者把结构同主体所完成的运算分离开来。结构只代表这些运算的组成规律或平衡形式；结构并不是先于它们或高于它们的、为它们所依靠的实体。事实上，与任何活动相对而言，运算本身就是互相协调，组织成体系：正是这些体系通过它们构造过程的本身构成了种种结构，而并不是这些结构事先决定了动作和种种构造过程，能先于动作和构造过程而存在。所以，在这本小书里所分析的结构主义的关键，在于运算的第一性，以及这种第一性在数学或物理的科学认识论里、在智慧心理学里、和在社会的实践和理论之间的关系里所包含有的一切意义。在把种种结构同它们的来源切断时，人们才可以把结构当作
125 是形式化的本质；当结构不是停留在字面上，也就是把结构重新放进它们的来源中去时，人们才能重新建立起结构与发生构造论即历史构造论之间不可分割的紧密关系，和与主体的种种活动之间的不可分割的紧密关系。

参考书简目

布尔巴基:“数学建筑学”,载勒·里昂纳编:《数学思想的伟大潮流》(Bourbaki,Nicholas,“L'architecture des mathématiques”, in F. Le Lionnais, *Les grands courants de la pensée mathématique*, Paris, 1948.)

乔姆斯基:《句法结构》(Chomsky,Noam,*Syntactic structures*,The Hague〔海牙〕,Mouton,1957.)

卡萨诺瓦:《布尔代数》,巴黎法国大学出版社,《我知道什么?》丛书(Casanova,*L'algèbre de Boole*, Paris: Presses Universitaires de France, collection “Que saisje?” No. 1246,1967.)

富科:《词与物》(Foucault,Michel,*Les mots et les choses*,Paris:Gallimard,1966.)

拉康:《作品集》(Lacan,J. ,*Ecrits*,Paris:Editions de Seuil,1966.)

列维-斯特劳斯:《结构人类学》(Lévi-Strauss,Claude,*Anthropologie structurale*, Paris, Plon, 1958.)(英译本:Lévi-Strauss, *Structural Anthropology*, New York: Basic Books, 1963.)

又:《野蛮人的思维》(*La pensée sauvage*,Plon,1962.)(英译本:*The Savage Mind*, Chicago: University of Chicago Press, 1966.)

又:《亲属关系的基本结构》(*Les structures élémentaires de la parenté*, Presses Universitaires de France, 1949.)(英译本:*Elementary Structures of Kinship*,Edited by Rodney Needham Bell. Translated by John R. Von Sturmer. Boston: Bacon, 1969.)

莱温:《社会科学中的场论》,卡脱赖特编(Lewin,Kurt,*Field Theory in Social Science*, Edited by Dorwin Cartwright. New York: Harper, 1951.)

帕森斯:《现代社会中的结构与过程》(Parsons,Talcott,*Structure and Process*

in Modern Societies, Glencoe〔格伦科〕; The Free Press, 1960.)

皮亚杰:《逻辑论》(Piaget, Jean, *Traité de logique*, Paris, Colin, 1949.)

又:《生物学和认识》(*Biologie et connaissance*, Paris, Gallimard, 1967.)

又和其他人:"逻辑学和科学认识",七星百科全书,卷二十二。(—, et al., "Logique et connaissance scientifique", *Encyclopédie de la Pléiade*, vol, XXII.)

索绪尔:《普通语言学教程》(de Saussure, Ferdinand, *Cours de linguistique générale*, publié par C. Bally et A. Séchehaye, Genève, 1916.)(英译本: de Saussure, Ferdinand, *Course in General Linguistics*, Edited by C. Bally and A. Séchehaye. Translated by Wade Baskin, New York: Philosophical Library, 1959.)〔有中译本〕

辛克莱:《言语的习得和思维的发展》(H. Sinclair de Zwaat, *Acquisition du langage et développement de la pensée*, Paris, Dunod, 1967.)

廷伯根:"关于结构概念引起的几个问题",载《政治经济学杂志》1952 年 62 号(Tinbergen, J., "De quelques problèmes posés par le concept de structure", *Revue d'Economie politique*, 1952, 62, pp. 27-46.)

索　引

（数字指原书页码，即本书边码）

1. 专名索引

2. 主题索引

图书在版编目(CIP)数据

结构主义/(瑞士)皮亚杰著;倪连生,王琳译.—北京:商务印书馆,2017
(汉译世界学术名著丛书:120年纪念版:珍藏本)
ISBN 978-7-100-14607-4

Ⅰ.①结… Ⅱ.①皮… ②倪… ③王… Ⅲ.①结构主义(心理学)—研究 Ⅳ.①B84-069

中国版本图书馆CIP数据核字(2017)第152540号

汉译世界学术名著丛书
(120年纪念版·珍藏本)
结 构 主 义
〔瑞士〕皮亚杰 著
倪连生 王 琳 译

商 务 印 书 馆 出 版
(北京王府井大街36号 邮政编码100710)
商 务 印 书 馆 发 行
北 京 冠 中 印 刷 厂 印 刷
ISBN 978-7-100-14607-4

2017年12月第1版 开本 710×1000 1/16
2017年12月北京第1次印刷 印张 10
定价:52.00元